培智学校家校
社系统育人的
整体设计与常态化实施

赵姬姬 ◎ 著

中国纺织出版社有限公司

图书在版编目（CIP）数据

培智学校家校社系统育人的整体设计与常态化实施 / 赵姬姬著. -- 北京：中国纺织出版社有限公司，2025.

3. -- ISBN 978-7-5229-2644-5

Ⅰ.G764

中国国家版本馆CIP数据核字第2025G0G730号

责任编辑：李凤琴　　责任校对：王花妮　　责任印制：储志伟

中国纺织出版社有限公司出版发行

地址：北京市朝阳区百子湾东里A407号楼　邮政编码：100124

销售电话：010—67004422　传真：010—87155801

http://www.c-textilep.com

中国纺织出版社天猫旗舰店

官方微博http://weibo.com/2119887771

北京华联印刷有限公司印刷　各地新华书店经销

2025年3月第1版第1次印刷

开本：710×1000　1/16　印张：16

字数：207千字　定价：65.00元

凡购本书，如有缺页、倒页、脱页，由本社图书营销中心调换

前言

2012年7月我华南师范大学硕士研究生毕业。9月8日，当我第一次踏上镇龙这片土地时我内心是失落无比的！我带着对特殊教育的未知和不安，入职前决定先来这所学校一探究竟，如果接受不了特殊孩子，我是打算放弃签合同的。

我站在镇龙墟的村巴站点等进村的公交车，一等就是一个小时。这一个小时我看到了挽着泥巴裤腿不穿鞋子的老人家，我看到了随地撒尿的小孩子，我看到了杂乱的旧市场，还有从市场里飘出来的鸡屎鸭屎的味道。在山东农村长大的我都没见过这样的场景，可我坚持下来了，坚持等到了"村巴"。晃晃悠悠的泥巴路，车外是一块块农民的田地。很快到了学校，一座小巧的徽派建筑总算是这个村子里的别具一格。我战战兢兢随着杨校长进入校园，第一次见到了这些特殊孩子，油腻腻的头发、脏兮兮的衣服、憨憨的笑容，让我不知所措。可我还是坚持下来了，坚持了一天，等到了放学。这时，一个女孩跑过来问我："赵老师，你明天还来吗？"望着她纯真渴望的眼神，我毫不犹豫地回答："还来！"这次，我又坚持第二天来了。往后的每一天，这个小女孩都问我。这一坚持就到了今天！

2015年黄埔区进行"三旧"改造，往日的农村也开始慢慢向城市化迈进。随之而来的高知份子家长开始对以往我们的乡村教育表达出强烈的不满，家长们对教育的需求不再只是满足基本的教育需要，而是要求更高质量的教育，如优质的学位。基于现实所迫，2017年我开始带领团队进行课程资源的整合和提升，经过七年探索，我们根据区域的时代背景和地域特色，充分整合资源，系统地将国家课程、地方课程和校本课程进行了整合，形成了如今我校的"和"教育课程体系，力求发挥课程育人系统功能，适应课程的整体性、丰富性和选择性，更加全面地适应特殊学生的发展需求。

该著作共分为八章，是我汇集全校之力完成的课程成果，每一章都是老师们心血所汇。第一章由赵姬姬、郭锡、蓝远婷负责，第二章由赵姬姬、郭锡负责，第三章由赵姬姬、杨思静负责，第四章由赵姬姬、胡亚茹、高学思负责，第五章由赵姬姬、胡亚茹、刘敏燕负责，第六章由赵姬姬、朱金梅负责，第七章由赵姬姬、刘全全负责，第八章由赵姬姬、郭昱辰负责。

本书是我们结合自己的教学经验撰写的，大家是一帮"无知者无畏"的年轻人，人生阅历和专业能力有限，难免有不足与缺陷。如果能多少为研究特教课程的研究者们提供一点参考，我们会感到无比欣慰。

赵姬姬

2025年春于广州

目录

第一章

培智学校发展面临的机遇与挑战

第一节 城市化进程对特殊教育发展的需求与影响

城市化是指随着一个国家或地区社会生产力的发展、科学技术的进步以及产业结构的调整，其社会由以农业为主的传统乡村型社会向以工业（第二产业）和服务业（第三产业）等非农产业为主的现代城市型社会逐渐转变的历史过程。城市化内涵包括人口城市化、经济城市化（主要是产业结构的城市化）、地理空间城市化和社会文明城市化（主要包括生活方式、思想文化和社会组织关系等）。城市化不仅带来了物质生活的改善和经济的繁荣，也对教育和文化的发展产生了深远的影响，还给特殊教育领域带来了诸多变化。

第一，教育环境的变化。随着城市化的快速推进，社会各界越来越关注特殊教育的发展。城市化的进程带来了人口结构的调整、社会资源的重新配置以及特殊学生教育需求的多样化，这些对特殊教育学校提出了新的挑战。特殊教育学校需要根据学生数量及分布状况和地理空间等因素改善教育环境，以适应城市化进程带来的环境变化，以满足不同学生的教育需求。

第二，学生群体的变化。在城市化进程中，特殊学生群体的构成也在发生着变化。随着城市化进程的加快，大量农村剩余劳动力将长期在城市就业，他们的子女将在城市接受教育。一方面，这样的进程会使特殊学生的数量不断增加；另一方面，特殊学生的障碍类型会变得越来越多样与复杂，随之而来的是其需求的变化。学生群体的变化要求特殊教育学校重新审视原有的课程理念，确保教育服务的针对性和有效性。

第三，教育资源的重新配置。在城市化进程中，教育资源的配置也在发生着变化。特殊教育学校需要面对教育资源的重新分配与整合，确保教育资源的有效利用和效益最大化。这要求特殊教育学校重新定位课程理念，以便更好地利用有限的教育资源，为学生提供更高质量的教育服务。

第四，特殊教育质量需求的变化。随着城市化的不断推进，人们对教育的需求不再只是满足其基本的教育需要，而是要求更高质量的教育，如优质的学位。然而，当前的教育供给远远不能满足人民群众日益增长的教育需求。

在城市化推进过程中，这一矛盾有进一步加剧的趋势。一方面，城市化进程加速给特殊教育带来的挑战要求特殊教育学校适应变化、应对挑战；另一方面，特殊教育政策对特殊教育学校的新要求为特殊教育学校的课程理念提供了指导和支持。特殊教育学校需要紧密结合特殊教育政策的要求和城市化进程的特点，重新定位课程理念，为学生提供更加优质、个性化和全面化的教育服务，满足不同特殊学生的教育需求。

在快速城市化浪潮的助推下，打造与经济发展水平相匹配的教育强区是黄埔区教育高质量发展的目标。特殊教育作为基础教育中不可或缺的组成部分，反映了区域乃至国家的整体文化追求与教育水平。知明学校处于黄埔区新龙镇迳头村，属于黄埔区最边缘农村地区，是广州东进的经济核心发展区。自2015年黄埔区旧村改造推进以来，整个区域呈现出迅速城市化状态，高学历群体的大量融入更是对区域的特殊教育提出了高目标、高速度、高质量的发展要求。黄埔区在巩固和提升特教学校原有教育和康复功能的基础上，不断挖掘、发挥其社区服务功能、区域特殊教育支持功能、社会融合功能，推进特殊教育学校的现代化转型。知明学校植根于地域生态和学生特点，以特殊教育品牌建设为目标，在课程建设上持续改革、适切推进、优质创生，力求为特殊教育高质普惠发展探索优化路径、贡献知明力量。广州开展面向2049的城市发展战略规划，以更长远的时间坐标、更广阔的空间视野，推动现代化建设。

在快速城市化浪潮的助推下，打造与经济发展水平相匹配的教育强区，是黄埔教育高质量发展的目标，也支持和引导着特殊教育的职能更新与功能转换。教育部中外人文交流中心、广州市教育局、广州市黄埔区人民政府签署共建"中外人文交流广州（黄埔）教育创新区"合作协议，力争将广州（黄埔）教育创新区建成重点平台，逐步形成示范性辐射效应，带动教育创新和教育现代化发展。快速城市化的脚步再次加速，文明与教化水平亟需提升与经济产业发展相适应，特殊教育作为基础教育中不可或缺的组成部分，反映了区域乃至国家的整体文化追求与教育水平；快速城市化人口结构调整必然导致资源的重组配置，融合教育的政策与形式也对特殊教育的中心指导地位提出更高要求，特教学校更需要强化自身核心功能并辐射、引领融合教育及基础教育的发展。

面对快速城市化和特殊教育全民化、信息化、生态化的发展态势，黄埔区在巩固和提升特教学校原有的教育和康复功能的基础上，顺应时代潮流，不断挖掘和发挥其网络服务功能、社区服务功能、区域特殊教育支持功能、社会融合功能，逐步实现网络化、社区化、中心化和平台化，推进特殊教育学校的现代化转型。知明学校植根于地域生态和学生特点，以特殊教育品牌学校建设为目标，深入推进课程建设，引领内涵发展，优化资源配置，发挥辐射引领作用，力求为特殊教育普惠发展贡献力量。

第二节 知明学校面临的机遇与挑战

一、学校的基本情况

（一）地理位置

广东省广州市黄埔区知明学校创办于2011年10月18日，是一所面向适龄培智儿童少年实施义务教育的九年一贯制公立全日制特殊教育学校。

黄埔区知明学校地处新龙镇大秧地，地理位置偏僻，交通较为不便，学校致力于与社会合力提升教育质量，在县、镇政策的扶持下，学校教学设施得到修建与完善，学校周边的服务设施，如养老院、医院、超市、菜市场和公交站等方面的社区生活设施也逐步完善，便于带领学生乘坐公共交通工具外出体验生活。

（二）设施建设

广州市黄埔区始终坚持将教育放在优先发展的战略地位，在发展规划、财政投入、资源配置、师资建设等方面提供了大力支持。学校占地面积4476平方米，建筑面积3389平方米，具备义务教育阶段9个年级，共13个班级的教学容量，现有课室12间，各类功能室20间。自建校以来，黄埔区区委、区政府先后累计投入1300多万元对学校进行改扩建和设施设备更新，学校面貌日新月异、焕然一新。学校现在的教学规模为13个教学班，在校学生131人，教职工68人。校园内绿树成荫、绿草如茵、繁花相映，为师生的学习和生活提供了幽静、舒适的自然环境。学校现有一栋3层教学楼，户外操场1处，户外篮球运动场1处，附设带有滑梯的游乐园1处，50米跑道1处，菜地1处，教学区、运动区分布合理。学校的活动设施设备完善，目前已经建成专业场室20间，配备有培养学生道德素质、知识技能、体能、美育、劳动技能和烹饪技能等的设施设备；提升学生感知觉能力、精细动作、粗大动作、语言能力、社交沟通能力、认知能力和生活自理能力等的专业教育教学和康复干预功能的设施设备；

附有语训室、美术室、蒙台梭利室、资源教室、沙盘室、烹饪室、感统室等专业场室。

（三）师资队伍

培智学校课程实施最关键的方面是对人的匹配，社会要提供给培智学校教育所需要的人才，即各种类型的教育师资，包括专业知识授课教师、言语训练师、感统训练师、心理咨询师、医护人员等。黄埔区知明学校致力于建设一支高素质特殊教育师资队伍，学校教师的总体情况如下。

1.师资队伍年轻化

知明学校现有在校教职工68人，教师年龄分布在21～45岁，平均年龄25岁，教师的学习积极性高，接受能力强，同时，具有较强的创新能力，能够更好地适应现代教育和教学方法的变化，教学质量和效率较高。

2.师资队伍学历高

学历结构是特殊教育学校师资队伍结构之一，它能反映师资队伍的整体理论知识水平和未来发展潜力。知明学校的教师均取得了学士及以上学位，其中，获得硕士学位的有8人，为学校的教学与科研发展提供了良好的人才基础。

3.师资队伍的学科专业结构合理

目前，在知明学校担任班主任的教师专业背景主要为特殊教育、心理学等专业，担任学科教学的教师专业背景主要为对口的音乐、美术、体育、舞蹈等专业。学校的师资构成基本实现人尽其职，能够吻合其专业素养和职责，在教学岗位上能够激发教师的主动性、创造性，实现人尽其用的岗位要求。

教师不只是课程的执行者，而且是课程的建设者。知明学校的课程建设与发展需要师资先行。教育提质，科研先行，学校鼓励教师积极开展课题研究，以教促学，以研促学，从而通过课题研究与实践促进学校的课程建设与发展。

二、知明学校发展的优势

学校当前的发展具有多方面的优势，如政府部门的重视、教育政策的支持、特殊教育事业向好发展的趋势。这些优势在促使培智学校不断发展和完善自身建设的同时，也在标准化建设的基础上更进一步。

（一）政府相关部门的重视

近年来，我国政府对特殊教育的重视程度逐渐提高，培智学校作为特殊教育的重要组成部分，得到了政府相关部门的重视与支持，这为培智学校的发展提供了有力保障。

1.提供政策和资金支持

政府相关部门的重视意味着可能会出台一系列有利于培智学校发展的政策和措施。这些政策可以为培智学校提供更多的教育资源、教学设备和资金支持，从而改善学校的硬件设施和教学环境。同时，政府的资金支持可以用于教师的培训和职业发展，提高教师的整体教学水平和专业素养，进一步提升学校的教育质量。

2.加强监管和评估

政府相关部门的重视体现在对学校的监管和评估上。他们可能会建立更加完善的教育监管体系，定期对学校的教学质量、管理水平、学生发展等方面进行评估和检查。这种监管和评估可以促使学校更加规范地运作，及时发现和解决问题，推动学校持续改进和发展。

3.提升社会认可度和影响力

政府相关部门的重视和支持可以提升培智学校在社会上的认可度和影响力。当政府积极宣传和推广特殊教育的理念和培智学校的重要性时，社会中会有更多的人了解特殊教育领域、关注培智学校的发展，从而提高学校的知名度。这将有助于培智学校吸引更多的优质师资和更多的社会资源，形成良性循环，进一步推动学校的高质量发展。

综上所述，政府相关部门的重视为培智学校的发展提供了政策、资金、监管和社会认可度等多方面的支持，有助于学校提升教育质量、规范运作和扩大影响力。

（二）教育政策的支持

教育法律法规建设力度不断增强，国家相继颁布了《中华人民共和国教育法》《中华人民共和国义务教育法》《中华人民共和国残疾人保障法》《中华人民共和国残疾人教育条例》等法律、法规，都对特殊教育做出了专门规定，让特殊教育走上依法治教的轨道。

近年来，随着国家层面《特殊教育提升计划（2014—2016年）》《第二期特殊教育提升计划（2017—2020年）》《"十四五"特殊教育发展提升行动计划》《特殊教育补助资金管理办法》《特殊教育办学质量评价指南》等相关政策文件的颁布，培智学校的教育教学活动也得到了政策的指导、规范和保护。

在地方层面，许多地方还制定了地方性法规、条例和政策。我省先后颁布了《广东省特殊教育提升计划（2014—2016年）》《广东省第二期特殊教育提升计划（2017—2020年）》《广东省促进特殊教育公平融合发展行动方案》《广东省"十四五"特殊教育发展提升行动计划》等政策，因地制宜地指导我省培智学校发展特殊教育。

1.提供明确的指导和支持

教育政策的颁布为培智学校明确了发展方向和指导原则。这些政策明确了特殊教育的目标、任务和要求，为学校制定发展规划和教学计划提供了重要的参考依据。政策的出台还意味着政府对特殊教育的认可和支持，为培智学校的发展创造了有利的环境。

2.促进资源投入和条件改善

教育政策的实施往往伴随着相关资源的投入和条件的改善。《广东省"十四五"特殊教育发展提升行动计划（2021年）》要求："各地要把特殊教育纳入发展规划，加大特殊教育经费投入力度，支持新建、改建和扩建特殊教育学校。同时要求进一步提高特殊教育教师工资待遇，认真落实国家和省关于特殊教育教师工资待遇倾斜政策。"这些政策对经费投入的倾斜和支持，不仅改善了学校的教学设施，为学校提供了必要的教育资源和辅助设备，也提高了特殊教育教师的待遇。为提升学校的教学质量和服务水平，为特殊学生有更好的教育机会和教育条件提供良好的经费保障。

3.加强师资培训和专业化发展

政策的实施可以推动相关师资培训计划的开展，提供专业的培训和发展机会，提升教师的特殊教育素养和专业技能。具备专业化、高素质的教师队伍是培智学校发展的关键因素之一，教师的专业素养和教学能力直接关系到特殊学生的教育效果和学校的教育质量。

综合来看，教育政策的颁布为培智学校的发展带来了明确的指导、资源投入和师资培训等优势。这些优势有助于提升学校的教育质量，满足特殊学生的教育需求，并推动特殊教育事业的持续发展。

（三）特殊教育向好发展

随着社会对特殊教育的认知不断提高，特殊教育行业呈现出蓬勃发展的趋势。培智学校作为特殊教育的重要阵地，也迎来了前所未有的发展机遇。

1.社会关注度和支持度的提升

随着社会的进步和文明程度的提高，特殊教育的意义和价值逐渐受到更广泛的认知和关注。政府、企业和社会组织等各界力量加大对特殊教育的投入和支持，为培智学校的发展提供有利的外部环境和有力的资源保障。这种关注和支持不仅有助于提高特殊教育的教学条件，还能提升教师的专业素养，进而促进培智学校教育质量的提升。

2.教育理念和教学方法的革新

特殊教育行业在发展过程中不断吸收新的教育理念和创新的教学方法，如个性化教学、融合教育等，这些理念和方法为培智学校的发展提供了更广阔的教育思路和手段。培智学校可以借鉴和应用这些创新成果，更好地满足特殊学生的教育需求，提升他们的学习效果和生活质量。

3.国际合作与交流的加强

特殊教育行业的国际合作与交流日益频繁，为培智学校提供了学习和借鉴国际先进经验的机会。通过参与国际交流项目、引入国外优质教育资源等方式，培智学校可以不断提升自身的教育水平和国际影响力，进而在特殊教育领域树立更高的标杆。这种国际合作与交流还有助于培智学校拓宽视野，了解不同文化背景下特殊教育的需求和不断进行实践，为社会培养具有国际视野的特殊教育人才奠定基础。

三、知明学校发展的劣势

知明学校在探索和发展的过程中存在一定的劣势，比如，在教育过程中家长的参与度较低、家校社的教育期待不一致、可借鉴的特殊教育成果较欠缺。这些劣势还有待进一步改善。

（一）家长参与度有待提高

1.家长参与教育的理念有不足

在特殊教育领域，特殊儿童家长参与不仅对特殊儿童本身的障碍干预及成长发展有积极影响，还能有效缓解特殊儿童家长自身的心理压力、抑郁等消极情绪❶。家长作为培智学校学生重要的教育者之一，应积极参与学校教育。家长不仅是对学校教育延续的重要实施者，同时是学生教育中最重要的反馈者。一方面，家长参与的主体地位并未得到体现。目前，家长在家校合作中常常处于被动参与地位，家长在照顾特殊学生的同时，还要应对工作和生活的各种压力，导致他们没有足够的时间和精力参与学校教育；此外，部分家长可能觉得无法在学校教育中发挥积极作用，或者担心自己的参与会给学生带来负担，或是认为学生有学校的教育就足够了。另一方面，家长教育理念不足，参与的内容较为狭窄。不少家长不与学校合作的原因很简单，缺乏对教育理念的了解，不了解教育教学方法，而学校可以管理和负责学生在校的日常生活，家长则可以腾出时间工作，不少家长把学校当作一个"看孩子"的地方。

---

❶ 徐琴芳，房悦，张文，等.特殊儿童家长心理健康状况及其调节因素的元分析［J］.中国特殊教育，2018（2）：8-15，25.

个别家长无论是在教育上还是在生活上，都未能积极配合学校完成培育工作，这与家长的教育理念不无关系，家长自身的教育理念薄弱，在合作中多是形式上的、表面化的参与，仅能发挥活动支持者的作用，这导致家长参与合作的积极性极低。

2.家长对特殊教育的认知不足

帮助每个有特殊需要的培智学生取得进步、获得发展，实现生活独立、经济自主，并能充分参与社会生活，这不仅是培智学生家长一直以来的诉求，也是培智学校在教学中奋力追求的目标之一。由于培智学校儿童的特殊性，很多家长对培智学校的特殊教育理念和教学方法了解不足，导致家长缺乏参与学校教育的意识和动力，他们可能认为特殊教育只是学校的事情，与自己关系不大，因此没有积极参与家校合作。

学校需要为家长提供先进的特教理念宣导和特殊教育专业知识，调整家长的适切期待。在家校合作方面，学校要做到加强沟通和指导：一是坚持写家校指导建议或反馈意见；二是让家长参与展示活动；三是召开家长会或是开设家校合作方面的讲座；四是教师利用微信平台与家长进行沟通、交流，反馈学生在校表现。

培智学校的学生最终要回归到家庭，让学生在家庭中进行实际操作，不仅可以提高他们的生活适应能力，也可以给劳累的家长带来信心和安慰。家庭和学校的衔接，对培智学生文化知识的巩固和生活技能的练习有重要的促进作用。借助家校合一的教育力量，真正实现家校共融、合力共育，去培养、锻炼和提升学生的生活适应能力，从而为学生成长保驾护航、增添助力，共同筑成学校、家庭、社区三位一体的家校社相衔接的支持模式，也能为培智学生架起回归社会的桥梁。

3.家长与学校沟通不足

学校与家长之间有时候缺乏有效的沟通渠道和支持机制，导致家长无法及时了解学校教育的情况和学生的进步。这可能会让家长感到被排斥在外，无法融入学校教育的过程，从而降低了他们的参与度。

（二）教育期待有待协同

城市化的推进使学生的来源多样，家庭生态环境复杂，本就因知识匮乏或理念缺失造成家校工作难以推进；快速城市化的旧改浪潮更使人心动荡、难度加大。培智学校的教育目标与普通学校有所不同，需要与社会、家庭等多方面的期待进行协同。目前，家校协同机制尚未完善，导致家校在教育期待之间还存在差异。如何促进家校合作，合力实现家校共育，扩大教育功能，这是学校发展的又一个挑战。

1.家长对教育期待各异

每个家庭的教育背景存在差异，家长的教育期待也各不相同。这种差异如果得不到有效协同，可能会影响学生的全面发展。因此，从家庭角度来说需要关注如何统一和协调家长的教育期待，以形成对学生成长的有力支持。

家庭教育环境是影响学生发展的重要方面，对学生的身心健全具有决定性作用。家长的教育期待不同，教学目标难以统一，只有以良好的家庭教育为契机，才能优化家庭教育环境。

2.学校需平衡教育期待

学校在面对众多学生和家长时，往往难以满足所有人的教育期待，此外，不同教师之间也可能存在教育期待的差异，这会影响教学的一致性和有效性。因此，学校需要关注如何平衡和满足各方的教育期待，以及如何加强教师之间的沟通与协作，确保教学的连贯性和一致性。

3.社会的教育期待

随着社会的发展和变革，社会对人们的要求也在不断变化，这使社会的教育期待也在不断调整。如果家庭、学校和社会的教育期待不能得到有效协同，可能会导致学生的教育脱离社会实际需求。因此，培智学校需要关注如何预测和适应未来社会的发展趋势，以及如何引导家庭调整教育期待，确保学生接受的教育与社会要求相匹配。

（三）特殊教育前沿成果有待丰富

相较于普通教育，特殊教育领域的研究起步较晚，前沿成果相对较少。

这在一定程度上制约了培智学校教育教学水平的提升，原因有以下三点。

1.研究难度大

特殊教育研究往往需要对具有各种特殊需求的学生进行深入地了解和研究，而各类特殊学生的人数较少，且同一类障碍的程度存在差异，这给选取研究对象带来巨大的挑战，此外，特殊教育的研究成果往往受多种因素的影响，如学生的个体差异、教育环境、教学方法等，这使研究成果的稳定性和可推广性受到一定的限制。

2.研究资源有限

尽管特殊教育的重要性逐渐得到社会的认可，但相对于普通教育，特殊教育的研究资源仍然有限，包括研究资金、研究人员、研究设施等。缺乏足够的研究资源，这无疑会限制特殊教育研究的进展和成果产出。

3.实践应用与理论研究脱节

特殊教育的研究成果需要在实践中进行验证和应用，然而，由于特殊教育实践的复杂性和多样性，理论研究成果往往难以直接应用到培智学校的实践中。这种实践应用与理论研究的脱节，可能会影响研究者的积极性和研究成果的产出。

四、知明学校发展的机遇

经济社会的快速发展为教育的发展带来了更多机会。城市化发展、社会的持续关注期待和教育政策文件的出台等，都是知明学校潜在的教育发展机会。

（一）城市化发展

城市化发展水平与教育发展水平紧密相关，较高的城市化水平伴随着较高的教育发展水平，较快的城市化进程也伴随着较快的教育发展过程[1]。随着城市化进程的加快，城市人口不断增加，培智学校的潜在生源

---

❶ 郭存芝，凌亢，白先春，等.城市化与教育发展 [J].教育科学，2006（3）：6-9.

不断增加，特殊儿童的教育需求也在增长，这就促使教育向着更高水平发展。城市化发展为培智学校提供了更广阔的服务空间和更多的教育资源，从而推动了培智学校的发展。

1.教育环境的变化

城市化是人口、经济、土地等多维度的城市化，对城乡基础教育投入产生影响❶。随着城市化的快速推进，社会各界越来越重视对教育的投入，城市化对可支配收入影响教育消费具有正向调节效应，提升了教育支出的水平❷。此外，城市化的进程带来了人口结构的调整、社会资源的重新配置以及特殊学生教育需求的多样化。社会各界从原来希望特殊学生有学可上转变为希望特殊学生获得适宜发展，这些变化对特殊教育学校提出了新的挑战。特殊教育学校需要适应这些变化，以满足不同学生的教育需求。

2.学生群体的变化

在城市化进程中，特殊学生群体的构成也在发生变化。一方面，随着城市人口的增长，特殊学生的数量在增加；另一方面，特殊学生的类型和需求变得更加多样化。

3.教育资源的变化

在城市化进程中，教育资源的配置也在发生变化。教育系统中教育规模的大小、教育资源的使用情况在一定程度上取决于学龄人口的数量以及由此产生的教育需求，学龄人口增多，教育需求相应增加❸。特殊教育学校需要面对教育资源的重新分配和整合，确保教育资源的有效利用和效益最大化。越来越多的特殊教育学校从九年制义务教育学校转变为十五年一贯制学校，从招收单一残疾类型学生的学校转变为招收两类及以上残疾学

---

❶ 田艳平，王佳.城市化对城乡基础教育投入均等化的影响［J］.中国人口·资源与环境，2014，24（9）：147-155.

❷ 商海岩，秦磊.城市化中的教育消费：差异、属性与影响因素［J］.国家教育行政学院学报，2019（6）：67-74，82.

❸ 张琳琳.浅析我国城市化对教育的影响［J］.大连教育学院学报，2015，31（4）：8-10.

生的综合学校，此外，我国还鼓励各地建设专招孤独症学生的学校。这就要求特殊教育学校重新定位其课程理念，以更好地利用重新分配的教育资源，为学生提供更高质量的教育服务。

（二）社会的关注和期待

随着社会的进步和文明程度的提升，公众对特殊教育的关注度和期待不断提高，培智学校所承担的社会责任也日益增大。高度的社会期待为培智学校的发展提供了良好的社会环境和强大的动力。

1.提升公众关注度和加大资源投入

高社会期待值意味着公众对培智学校的关注度高，这将促使政府部门、企事业单位、社会组织和个人更加重视特殊教育，从而增加对培智学校的资源投入。这些资源可能包括资金、教学设备、专业师资力量等，帮助改善学校的教学条件，提高教育质量，为特殊学生提供更好的教育服务。

2.吸引优秀师资和提高教育质量

社会期待值高意味着培智学校的教育质量和成果受到广泛关注。这将吸引更多有志于从事特殊教育事业的优秀人才加入培智学校，提升学校的师资水平。同时，学校为了满足社会期待，也会不断努力提高教育质量，形成良性循环。

3.增强社会认同感和增加合作机会

社会期待值高表明社会对培智学校的价值和贡献有较高认同。这将有助于提升培智学校的社会地位，增加学校与家长、社区、企业等各方面的合作机会。通过合作，学校可以获取更多的外部支持和资源，为特殊学生创造更多的学习和发展机会，同时有助于推动特殊教育的普及和发展。

由此看来，社会期待值高不仅为培智学校带来了更多的关注和支持，也为其提供了吸引优秀师资、提高教育质量和增强社会认同感等发展机会。培智学校应抓住这些机会，不断完善自身建设，为特殊学生提供更好的教育服务。

（三）政策文件出台

近年来，国家出台的一系列关于特殊教育的政策文件，为培智学校的发展提供了支持，助力培智学校办学条件的改善，为培智学校的发展指明了方向，从而促进特殊教育质量的提高。

1.提供法律保障和明确发展方向

政策文件的出台为培智学校明确了学校的发展方向和目标。这有助于学校在教育教学、管理运营等方面更加规范，确保学校各项工作符合政策法规的要求。同时，政策文件可以为学校制定长期发展规划提供指导，推动培智学校持续健康发展。

2.加大资源投入和支持力度

政策文件的出台往往伴随着政府对培智学校的关注和重视，进而加大对学校资源的投入和支持力度，这包括财政资金、教学设备、师资力量等方面的支持，有助于改善培智学校的办学条件，提高教学质量，为特殊学生提供更好的教育服务。

3.提升社会认可度与增加合作机会

政策文件的出台有助于提升培智学校在社会上的认可度和知名度。这不仅可以提升学校的社会影响力，吸引更多优质师资和生源，还可以为学校带来更多的合作机会。例如，与其他教育机构、企事业单位等建立合作关系，共同开展特殊教育研究和实践项目，推动特殊教育事业的发展。

政策文件的颁布对培智学校的发展具有重要意义，可以为学校提供政策保障、资源支持和提升社会认可度等，推动学校不断提升办学水平和提高教育质量。

五、知明学校发展面临的挑战

学校在发展过程中面临一定的挑战，例如，资源供给不足、教师成长动力不足、社会方面的原因阻滞学校发展等（表1-1）。

表1-1 知明学校面临的困境及解决方法

面临的主要困境	解决问题的方法	解决问题的过程
问题1：快速城市化进程中资源供给不足，无法满足课程需要	通过理论研究，整合全市优质资源，整体建构课程体系	在快速城市化背景下，为深入贯彻落实《培智学校义务教育课程标准（2016年版）》，探索国家课程的校本化实施路径，我们对学校课程开设情况进行全面摸查，包括教师问卷、家长访谈、家庭生态环境评估、学生评估与课堂观察等，梳理课程现状与问题，同时进行培智课程的文献研究，发掘校本课程体系构建的思路与本土化的资源。厘清学校课程现状后，在广州市教育研究院德育与特殊教育研究所所长的指导下，我们参访国内多所特校吸取优秀经验，引入个别化教育课程的专家持续指导。深研传统文化，充分结合当地发展特点，在"人道、知明、容和"的办学理念下，确立育人目标——"培育和谐发展的人"，进行课程顶层设计，整体构建"和"教育课程体系
问题2：家长对于学生的教育期待各异，教学目标难以统一	建立沟通机制，家校共同成长，统一理念与目标	基于学生的"本元"与"多元"发展，以广东省特殊教育专项课题"'元元共生'家校合作模式在特殊教育学校的构建"为抓手，我们创建有效的"元元共生"家校运共同体合作模式，协同推进课程的实践、深化与内涵建设。通过对每位学生进行生态化家访、教育诊断和课程评估与综合研判，共同确立了层级递进的"和乐、和睦、和善、和谐"四和课程目标，不断深化、拓展"和知和行和健和美和己和融"六和课程群。家长协同教师全程参与学生的评估、目标制定、教学实施与评价全过程，共同为学生成长助力
问题3：教师梯度与层级不成体系，自我发展能力不足	创新教研机制，构建教研共同体，实现专业技能快速提升	为提升课程实施成效，我们搭建了教研共同体，进行市、区、校三级教研、跨校联合教研（粤—港—黔五校）、校内分组、分领域教研，以请进来和走出去的方式开展多维度的师资培训，鼓励教师申报省、区、市各级科研课题，并以公开课、同课异构、教学设计、主题规划比赛等多种形式，促进教师教学技能的提升，深化"和"课程下的课堂教学改革。快速成长的知明教师团队，也通过区市教研、特殊教育资源中心、教育帮扶等多个平台，在广东省内和黔南地区，对"和"课程建设经验进行辐射推广

（一）资源供给需要时间

作为新时代开办的特殊教育学校，广州市黄埔区知明学校建校以来，在国家重视、社会支持、教育改革思潮等发展的社会形势下，始终坚持以生为本、为生办学的宗旨，在先进的教育价值取向的引领下立足于本校的地段环境、场室设施、师资水平，积极探索适合学校生态的教育教学模式，知明学校植根于地域生态和学生特点，以特殊教育品牌建设为目标，在课程建设上持续改革、适切推进、优质创生，努力解决培智学校发展面临的一系列困境。

培智学校学生生存离不开社会资源的匹配，更离不开专业师资与康复设备资源的匹配，生存资源占比相对较少，直接限制了培智学生的发展。而广州市黄埔区知明学校在快速城市化进程中，资源供给不足，无法满足课程需要，主要体现在以下几个方面。

1.培智学校学生社会资源占比少

培智学校教育的现实要求是将学生培养成具备劳动能力的劳动者，或者能够利用生产技能谋求生存资源的需要。培智学校致力于实现学生的生存经济尺度，努力实施生活教育的维度衔接生存教育（生活教育是满足学生当下的现实需要，而生存教育是学生获得生存资源的需求）。培智学校教育绝不只是学校的责任与义务，更是促使社会整体对培智教育认知、实践的提高。只有增加社会资源的投入，平衡社会经济对学生的条件匹配，才能促进培智学校学生生存性的衍生，而当下的社会对培智学校学生投入的经济资源占比极少。

2.培智学校学生康复设备占比少

培智学校学生因自身条件限制，很多学生必须通过各种仪器、设备进行辅助教育干预，而社会方面对培智学生提供的辅助设施少之又少，尤其是能够提供便利的社区公共设施更难以寻觅。在社会环境中，康复设施资源的匹配、范围与场所，尚未满足培智学校学生更好地适应社会生活的需求，因此，公共社区现存的教育设施与特殊学生需求匹配之间不均衡、不适切与不倚重，给学生认识社会环境、使用社会公共设施带来了较大障碍。

3.培智学校课堂教学有待完善

在培智学校现实需求方面，生活化课程、生活化教学理念与实践逐步深入推进与开展，由课堂逐步延伸到社区。培智学校课堂所面临的现实困境折射出背后的深层次问题都聚焦于课堂系统结构的核心要素。具体表现在以下几个方面：一是培智学校教师对课程教学的设计与调整的意识和能力不够，课程目标的设计，教学内容的多少、难易程度等难以把控和调整；二是难以厘清教学过程中诸多关系的认知与处理，如预设与生成、过程与结果、教育教学与训练康复等诸多关系；三是对课堂互动的理解不全面、不透彻、互动活动较少等。综上所述，在快速城市化进程中，在教育资源供给需要一定时间的前提下，应快速解决培智学校学生社会资源占比少、培智学校学生康复设备占比少、培智学校课堂系统结构不足等问题，从而满足学生最适切的需要，促进课程资源供给。

培智学校的课程设置和教学方法沿用传统的模式，未及时根据特殊学生的特点进行个性化的教学安排，这不仅不能满足学生的特殊需求，也会影响学生的学习兴趣和积极性，同时，缺乏系统的教材支撑，教学落脚点不实，也在一定程度上影响课堂教学效率。课程设置和教学方法未能与时俱进是培智学校面临的一个巨大挑战。

（二）教师成长动力不足

城市化水平的快速提高带来充足的师资力量，但在教学技能提升、课程建设创新、持续改革执行等方面缺乏培养模式，教师梯度与层级不成体系，教师自我发展能力不足，因此，教师的专业成长路径还需进一步拓宽。如何促进教师成长，进一步提高教师专业发展和课程创建能力是学校面临的主要问题。

1.专业师资资源占比少

培智学校教育实施的关键在于对人的匹配，即社会提供给培智学校教育所需要的人才。但是，社会给予从事培智教育人才资源的相应经济待遇、社会地位与发展空间，并不能满足人才资源对培智教育事业的认可，即便是对已经从事培智学校教育的人来说，也只是把它当作一种职业。一方面，社会给予培智学校的人才单一，缺乏言语治疗师、作业治疗师等多样人才；另一方面，对社会人才的吸纳能力有限，因为社会对培智教育的资源投入较少，工作的不稳定因素必然导致专业师资的流动性大。国家对特殊教育的重视程度决定了教师的择业发展，特殊教师从事特殊教育事业的选择性与积极性又影响特殊儿童高质量教育的整体性与均衡性发展，从而影响特殊儿童教育补偿的水平性发展。

2.教师发展能力不足

与教师承担的教学任务相比，从事培智学校教育事业的教师数量仍显不足。一方面，培智学校发展时间比较短，师资力量不足；另一方面，专业师资的流动性较大，导致固定人员较少，教师的数量难以维持平衡。

特殊教育的发展，要求特殊教育教师能满足特殊儿童的不同需求，具备职业生涯发展规划能力，既能直接从事又能指导融合教育工作，还能秉持热忱深厚的特殊教育情怀[1]。而随着融合教育的发展，越来越多培智学校教师要兼顾培智学校教学、融合教育学校的巡回指导和教师培训等工作，师范院校缺乏对教师的培养，造成实际任课教师的教学质量与教学水平难以满足教学要求，这影响学校办学质量的提升。为鼓励教师自主发展，学校要构建一套完善的管理机制，以奖惩环节为切入点，激发教师的自主发展意愿和积极性[2]。在培养教师队伍的过程中，要让教师充分认识教育工作的重要性和意义，并愿意为之付出努力，做到对日常教育教学实践的关注和剖析，进而促进教师专业成长。

3.教师缺乏必要的培训机会

思想观念是引领发展方向与变革的内驱动力，培智学校教师观念转变是关键和难点。培智学校所有教育教学工作的最终落脚点在教师上，具体表现在教师的观念更新与践行。一方面，教师都非常愿意参加关于如何进行有效教学、如何在实践中践行学校课程的相关培训，教师普遍希望组织更多系统性的、专业性的培训；另一方面，有教师反映培训内

[1] 赵斌，张燕，张瀚文.我国特殊教育师资供需矛盾及改革探析［J］.中国特殊教育，2023（6）：82-88.
[2] 龙裕梅.影响培智学校教师自主发展的问题及策略［C］//广东省教师继续教育学会.教育与创新融合广东省教师继续教育学会研讨会论文集（二）.黔西南布依族苗族自治州：安龙县特殊教育学校，2023：4.

容与实际教学联系不强，培训人员只注重讲授理论知识，并没有太多详细可操作的、能直接在教学中使用的内容，培训理论与实践相脱节。由此可见，目前的培训还存在各种问题，需要多了解一线教师的反馈。因此，学校要鼓励教师广泛参与学校的课程建设，让教师把好课程的脉，适当调整培训的内容和形式，真正提升教师的能力，激发教师的自主性和创造性，使教师对未来的学校课程能够理解、诚心接受、热情投入，并有效地实行。

综上所述，知明学校的课程建设与发展需要建设一支专业的特教教师队伍，并做出以下展望。首先，组织教师定期参加相关培训和讲座，提升教师在特殊教育中的专业素质，加强学校之间的沟通交流。其次，关于教师的研究开放时间，本身教师教学压力比较大，而学校课程的建设是一个长期的过程。所以，在思想上就应该做好打长期战的准备，给予教师充分的研究时间。最后，在课程建设方面提供必要的支持，比如，信息、经费、设施等，只有在资源上给予支持，才能调动教师的积极性，让教师更好地投入课程建设中。

针对上述提到的几个问题，如快速城市化进程中资源供给不足、家长对于学生的教育期待、教师自我发展能力不足等困境，学校要结合当地实际和学生特点，针对学生的特殊需求，大力开发课程资源，在课程建设上持续改革、适切推进、优质创生，力求为特殊教育高质普惠发展探索更优路径。

（三）学校发展受阻滞

培智学校的发展受经济、文化、社会等多方面因素的影响，这些因素可能相互交织，形成复杂的制约关系，对培智学校的发展构成威胁。

培智学校在教育资源的供给上不足。一方面，因为资金有限，各种教学设备、教材、教具、康复设施等配备不足；另一方面，资源分配不均衡导致资源在一些学校分配不充足，使得一些特殊学生缺少享受优质教育资源的平等机会。这些资源的供给往往不能满足培智学校的实际需求，使教育质量下降、教育公平受到极大的挑战，严重制约了培智学校的发展。

六、建议

　　培智学校是特殊教育的重要组成部分，通过对培智学校进行SWOT分析（表1-2），我们可以看到培智学校在发展中既面临难得的机遇，也遭遇了多方面的挑战。只有紧紧抓住机遇，积极应对挑战，才能实现培智学校的可持续发展，为特殊儿童提供更好的教育服务。为了更好地促进培智学校的发展，提出以下建议。

表1-2　培智学校SWOT分析图

类别	优势（S）	劣势（W）
机会（O）	"优势+机会"组合 1.政府及相关部门的高度重视 2.相关教育政策文件的颁布 3.特殊教育行业发展趋势向好	"劣势+机会"组合 1.家长的参与度较低，教育期待有待协同 2.特殊教育行业的前沿成果较少
威胁（T）	"优势+威胁"组合 1.城市化的要求高、社会期待值较高 2.政策文件尚未真正落实到位	"劣势+威胁"组合 1.资源供给需要时间 2.教师流动性大，成长动力不足 3.学校发展受到多方面因素的阻滞

（一）提高教育经费投入水平

　　政府应加大投入，加快特殊教育资源的配置和供给，改善培智学校的办学条件。

　　1.健全特殊教育服务保障机制

　　充分发挥政府在特殊教育事业发展中的投入责任主体地位与作用。政府应设立特殊教育专项资金账户，确保专款专用，特教特办，用于改善培智学校的硬件设施并及时更新教学材料和辅助技术。

　　2.建立多渠道的特殊教育经费来源机制

　　强化社会支持，鼓励企业和社会组织通过捐赠、设立奖学金等方式参与特殊教育资源的供给，形成多元化的投入机制，作为政府公共财政投入的有益补充。

3.建立特殊教育资源共享平台

通过合理的技术架构、内容管理机制、用户管理和社区建设等方面的努力，为特殊教育领域提供一个便捷且高效的资源共享平台，促进校际资源共享与合作，避免资源的浪费。

4.优化教育资源配置，提高资源利用率

特殊教育学校一是要精打细算，突出重点，按照学校工作的轻重缓急，合理确定人员经费和公用经费，将有限的资金投放到最需要的工作或项目上，发挥投入资金的最大效益；二是要加强总务和财务制度的管理；三是厉行节约，反对浪费，降低办学成本，提高办学效益❶。

（二）打造优质师资队伍

建立完善的教师培训体系、激励机制和职业发展路径，激发教师的成长动力，提升教师的专业素养。

1.建立完善的教师培训体系

在培训阶段教师的培训，应包括教师岗前培训、在职培训和定期更新知识的研修，确保教师掌握最新的特殊教育理念和教学方法。在培训策略方面，一是要加强宣传，并将其渗透于工作的全过程；二是要加强培训基地建设和培训网络的构建；三是要加强对培训内容的研究，使培训内容体现针对性、适用性、实践性、科学性、先进性❷。

2.建立特殊教育教师职称评定和晋升机制

将教师的专业成长与职业发展紧密挂钩，鼓励教师不断提升自己的专业素养，同时，拓宽相关岗位教师的晋升渠道，进一步完善现有的职称评聘体系。

3.建立教师激励机制

对教师进行有效激励，减少职业倦怠，降低其离职率，可通过设立

❶ 丁勇.政策导向法律约束：关于特殊教育学校教育经费投入和使用的几点建议［J］.现代特殊教育，2004（3）：12-14.
❷ 张玉华.上海市特殊教育师资培训的目标、内容和策略［J］.中国特殊教育，1999（3）：8-10.

教学成果奖、优秀教师奖等，表彰在特殊教育中做出突出贡献的教师，激发教师的工作热情，增强教师的职业荣誉感和归属感，吸引、保留和激励优秀的教师人才，提升整个教师队伍的质量和活力，提升教学质量，激发教师的研究兴趣和提高应用新知识的能力，推动教育领域的创新和发展。

（三）加强教育与研究成果的转化

1.健全成果交流与推广机制

学校应建立健全科研成果交流机制，选择最符合学生、教师和学校发展实际的精品内容，由浅入深、由点到面、点面结合开展成果交流与推广工作。建立特殊教育成果展示和推广平台，定期举办特殊教育成果展览、经验交流会等，以促进校际的交流与合作，推广优秀的特殊教育成果。

2.制定科研专项培训工作计划

学校可加大科研经费投入，通过邀请专家对教师进行针对性的培训、派遣教师外出学习、与科研成果丰富的学校合作等多种方式，提高教师的科研能力以及缩小与其他学校的差距。

3.加强对学校的大力扶持

相关部门一方面应在人力、物力、财力上向能力薄弱的学校倾斜；另一方面应搭建合作与交流的平台，鼓励培智学校与科研机构、高校等合作，充分利用华南师范大学等高校的宝贵科研力量和资源，开展特殊教育的实践研究和理论研究，与高校、科研机构建立紧密的合作关系，促进一线学校科研能力的提升，推动特殊教育创新成果的转化。

4.加强特殊教育成果的评估和反馈机制建设

及时收集和分析特殊教育成果的实践效果和社会反响，为特殊教育政策的制定和调整提供科学依据。同时，对于在实践中证明行之有效的特殊教育成果，给予表彰和奖励，以激励更多的创新和实践。

通过这些措施的实施，有望推动培智学校在未来发展中取得更大的突破和进步。

（四）优化外部环境

优化学校外部环境，要做到：加强社会宣传，提高公众对特殊教育的认知度；加强家校合作，形成教育合力；促进区域均衡发展，缩小地区间特殊教育差距。

1.与社会各界建立良好的关系

可以与当地政府、企业、社会团体等建立联系，开展各种合作项目，共同推动培智学校的发展。例如，与企业合作举办职业技能培训课程，为学生提供更加丰富的教育资源。当然，也要加强家校联系及家社联系，要充分认识到社区和家长资源对于提升学校内涵发展的重要性，积极探索构建学校与社区、家长有效互动的途径，形成和谐、生动的学校、家庭、社区三位一体、有机融合的学校发展合力，促进学生的全面发展和个性化发展。通过定期举办家长会、亲子活动等方式，增进家长对学校工作的理解和支持，共同为学生的成长提供良好的教育环境。

2.争取政策支持

一方面，政府要制定各类政策促进区域均衡发展，通过政策倾斜和资源共享等方式，支持特殊教育薄弱地区的发展，缩小地区间特殊教育差距；另一方面，学校也可以积极参与政策制定和实施，争取政策上的支持，例如，争取政府对学校的资金支持、政策扶持等，以推进学校的发展。

3.加强对外宣传

政府应该通过公益广告等方式，提高公众对特殊教育的认知度和接纳度，营造包容、支持的社会氛围。学校也可以通过各种媒体渠道，积极宣传学校的特色、办学理念、教学成果等，提升学校的知名度和影响力，以便吸引更多的优质生源和社会资源。

第二章

快速城市化进程中课程理念的重新定位

第一节　特殊教育学校课程理念的重要性

课程理念是指课程设计者和实施者在教育实践中蕴含的教育信念和精神价值，它体现了课程的根本宗旨和追求目标。特殊教育学校的课程理念能够指导特殊教育学校的教学实践，满足特殊教育学生的发展需求，适应社会的需求和发展，提高特殊教育的教学质量，促进特殊教育的优质、高效发展。特殊学校课程理念的重要性体现在以下几个方面。

第一，指导教师的教学实践。课程理念是教育者根据一定的教育理论，结合实践经验所形成的对教育的认识和看法。明确的课程理念能为教师提供明确的教学方向和方法，指导教师如何进行教学设计、如何选择合适的教学方法、如何评价学生的学习效果等，帮助教师更好地理解和把握教学规律，从而提高教师的教学水平和学生的学习效果。

第二，满足特殊教育学生的需求。特殊教育学校的学生具有不同的学习需求和特点，课程理念需要充分考虑到这些特殊的需求，确保每名学生都能接受到适合的教育。一个合适的课程理念不仅能指导课程设计、教学方法和评价方式，还能在促进学生全面发展的同时满足学生的个性化需求，提高学生的综合能力和社会适应能力，充分挖掘学生的潜能。

第三，适应社会的需求和发展。特殊教育学校作为社会的一部分，其课程理念也需要适应社会的需求和发展。随着社会的发展和进步，特殊教育学校需要更新课程理念，以适应社会的变化和发展趋势。同时，特殊教育学校需要关注社会的需求，培养符合社会需要的人才，从而为社会的发展做出应有的贡献。

第四，促进特殊教育的高质量发展。课程理念是特殊教育学校发展的灵魂和核心，它决定了学校的教学方向、教学内容和教学方法。一个先进的、符合特殊教育规律的课程理念，能够推动特殊教育学校不断深入探索新的教育模式和教育方法，引领特殊教育学校向更高的水平发展，提高特殊教育的教学质量和社会认可度。

特殊教育学校需要制定并实施符合特殊教育规律的课程理念，为特殊教育学生的发展提供有力保障。

第二节　知止善为，明德贵生

广东省广州市黄埔区知明学校是一所面向适龄智力障碍与发展性障碍的学生实施九年一贯制义务教育的公立特殊教育学校。学校主要招收中重度智力障碍、脑瘫、孤独症、唐氏综合征、多重障碍等类型的学生。学校以"人道为本"为办学思想，以"为需求者提供确切的教育服务"为办学宗旨，以"提供优质教育服务，办人民满意的特殊教育学校"为办学目标。学校以"知止善为，明德贵生"为校训，在"尊道、仁和、至善"的校风下，发扬"专业、事业、卓业"的教风，践行"以学生终身发展与生活为中心"的教学理念，形成"知礼、乐学、善行"的学风。此外，学校倡导"和"教育，培养学生的智能发展、社会适应、生活实践等核心素养，提高学生独立解决现实问题的能力，提升学生及其家庭的生活品质，力求将学生培养成和谐发展的人，帮助其适应社会，融入社会。在个别化教育理论基础上跟随国家宏观政策的历史沿革，提炼出符合区域情况的持续·适切·优质的课程理念。

持续改革——以全程的角度思考，持续关注学生的终身学习。为特殊学生提供从早期教育到学前教育、义务教育、职业教育乃至成人工作与托养的贯穿学生一生的服务与支持。同时，对学生在全程发展中各节点的资源配置进行持续革新与调整，以满足学生多样化的发展需求，为学生的发展保驾护航。

适切推进——以全境的生态把握，基于生态提供适切的教育与服务。基于"生态系统理论"，联动学生生活的家庭、学校与社区，在各种生活情境下给予适切的教育与资源；在教学过程中，各班教学团队针对学生的个体差异，采取相应的教学策略，各科教师需要将"以学生成长为中心"落实到课堂教学的每个环节中，强调学生的主体地位，着眼学生的个性发展，适切推进课程与个别目标的匹配。

优质创生——以人为本，遵从学生身心发展规律。以学生为主体，将教学目标聚焦于学生未来发展这一长期目标上，培养和激发学生终身学习的能力与激情，为学生当下乃至余生的优质生活奠定基础。促进各阶层及人群之间的相互接纳、和谐发展，培养学生成为与环境和谐发展的人，帮助其融入社会，也要求课程始终追求优质创生，即在遵循宏观原则的基础上有创造性地再生与革新。

一、持续改革——从全程的角度思考

（一）个别化教育理念的发展与革新

个别化教育理念由来已久，从我国先贤孔子的"因材施教"到古希腊教育家苏格拉底的"精神助产术"，均是个别化教育思想的体现。20世纪50年代，斯金纳的程序化教学激起教育者对个别化教学的兴趣，并提供了工具（学习器和程序教材）和"个别化的教学方式"❶，程序教学是个别教学的典型代表。所谓程序化教学，是指一种能让学生以自己的速度和水平，学习自我教学性材料（以特定顺序和小步子安排的材料）的个别化教学方法。20世纪60年代，布卢姆提出"掌握学习理论"，认为只要给予足够的时间和适宜的条件，绝大多数学生都能达到良好的学习状态，完成学校规定的学习任务。他指出，学生在学习能力上的差异并不能决定他能否学会教学内容，而只能决定他将要花多少时间才能达到对该项内容的掌握程度，同时，他还提供了个别化教学的方法❷。20世纪60年代的"凯勒计划"提供了系统化的个别教学模式。随着人类文明的演化，经历着历史的验证，大量的教育学、心理学理论为个别化教育提供了充分的理论依据❸。众多学者都对个别化教学做了定义，而1993年出版的《个别化教学》对个别化教学做了详细的定义，即"个别化教学指在教师的指导下，使每门学科的学习过程，按照学生各自的速度来组

---

❶ 缪学超.程序教学法的形成、要义、实验及当代价值［J］.课程.教材.教法，2015，35（7）：101-107.

❷ 王帅.布卢姆的掌握学习理论及其教育应用［J］.高等函授学报（哲学社会科学版），2007（2）：42-45.

❸ 黄志成.凯勒的个人化教学系统［J］.外国教育资料，1991（1）：44-48.

织。教学是不分年级的，以使每个孩子在学习每门学科时，根据他能力许可的程度前进"。

个别化教育是特殊教育的基石，在个别化教育的基础上，学者提出了对特殊教育领域具有深远影响的"个别化教育计划"。在特殊教育领域，个别化教育是一种以适应学生的差异性和个别性为主旨的教育策略与设计[1]。更具体地说，它是指在教学过程中，教师根据学生的能力、兴趣、需要、身体状况等设计不同的教学计划和方案，采用不同的教学资源、不同的教学方法和不同的评价方法进行教学工作，从而使班级中的每一个学生都能得到合适的教育，取得尽可能大的进步[2]。个别化教学最本质的内涵在于，教学以学生的个性差异为依据，适合不同学生的特质和强项，实现不同类型、不同层次学生的成长[3]。它具有以下几个重要特征：一是个别化教学立足于个体考虑问题；二是个别化教学强调教学的个别化，要求教学目标、内容、方法等符合个别学生的具体情况；三是个别化教学追求学生个性的发展；四是个别化教学一般主要从课堂教学方法、策略等方面考虑教学[4]。这是现代教育方法最强调的一种教学方式，注重因材施教的原则，重视教育对象的个别能力、兴趣和需要，尤其是个别学生学习困难，但不一定要进行个别教学活动[5]。肖非指出，个别化教育必须满足下列特征：第一，对每个学生的学习目标和所要求的教学结果有明确而详尽的陈述；第二，对每个学生的情况包括身心发展的目前状况，学业上的优点、缺点等都有详尽、全面的评价和描述；第三，对每个学生的教学要求和教学内容须因人而异；第四，为每个学生选择多样化的教育内容、教学材料和教学手段或媒体；第五，教学对象根据实际需要可

❶ 于素红.个别化教育计划的现实困境与发展趋势［J］.中国特殊教育，2012（3）：3-8，27.
❷ 肖非，王雁.智力落后教育通论［M］.北京：华夏出版社，2000：190.
❸ 郅庭瑾，马云.个别化教学的公平意蕴及其实现路径［J］.教育发展研究，2013，33（12）：36-40.
❹ 朱小蔓.教育研究者的足迹［M］.北京：教育科学出版社，2003：264.
❺ 魏晓民，胡芳.智障儿童个别化教育的误区及实施策略［J］.社会福利，2009（10）：50-51.

多可少，可以一个教师面对一个学生，也可以一个教师面对多个学生；第六，运用适应学生个人能力的最佳的教学方法，并根据学生的能力安排相应的学习时间；第七，在教学过程中对学习结果及时进行评价和反馈，以便教师改进教学方法，学生调节自己的学习行为❶。

要实施个别化教学，将个别化教学落到实处，需要多方面的支持。首先，需要更新教师观念，树立新型的教学观、学习观和学生观；其次，需要增加教育投入，改善教学的硬件、软件及心理环境；再次，需要创建适合学生的学科及活动课程，增强课程的多样性；从次，需要通过引进专家型教师、开展校本培训等方式，提高教师的专业素养；最后，需要实施多元化的评价方式，如激励性评价、形成性评价与总结性评价等，为每个孩子的发展保驾护航❷。

教育理念支配和指导教师教学的态度和行为，个别化教学的实现有赖于正确的教学理念。在教学过程中，教师持有什么样的教学理念，对特殊儿童采取什么样的态度和价值观，不仅直接关系到采取什么样的教学方法和途径，也直接影响到个别化教学的效果❸。

（二）个别化教育的理论基础

从20世纪80年代起，教育者也陆续开始了个别化教学实践的尝试，他们在"主体教育论""学习风格理论""建构主义理论"等多种理论的指导下，进行了分层教学、异步教学、分层递进教学等教学改革实验，并取得了一定的教学效果。

1.主体教育论思想

改革开放以来，有关教育本质、教育功能、教育与人的关系的讨论，以及由此带来的教育观念不断更新，在一定程度上为主体性教育理

---

❶ 肖非.关于个别化教育计划几个问题的思考［J］.中国特殊教育，2005（2）：9-13.

❷ 吴秋连，姜莉珍，符曦.个别化教学实施策略［J］.教学与管理，2016（24）：96-99.

❸ 盛永进.个别化教学理念的应然追问［J］.中国特殊教育，2005（10）：77-81.

论的研究做了思想铺垫❶。在此背景下，顾明远先生于1981年在《江苏教育》第10期发表了《学生既是教育的客体，又是教育的主体》一文，这是中国教育界第一次正式使用学生"主体"一词❷。自此之后，黄济、王策三、王道俊、郭文安等一些著名教授纷纷发表各自的见解，支持并进一步阐发"学生是教育主体"的观点，形成了主体教育思想。主体教育理论认为，学习者是学习、认知和发展的主体，一切教育都应该围绕发展学习者的个性，以主体性方式构建知识体系，充分尊重、发展受教育者的主体性，培养具有主体性的人❸。"主体教育论"把现实生活的人或人的现实生活视为教育的出发点，提出教育要从学生的现实生活境遇出发，引导学生热爱和参与生活，促进学生的全面发展，启发学生的生活智慧，培养学生的生活能力，应对外部环境的种种可能、机遇、挑战，使学生能于适应生活，明于选择生活，乐于创新生活，善于对待生活中的成功与挫折、喜悦与烦恼，妥当处理自主与秩序、权利与义务、自由与责任的关系，懂得尊重他人，关爱他人并能和他人共同生活，逐步成长为社会生活的主人❹。

在教育过程中，主体教育论反对把学生视为客体，主张把学生当作主体；认为教育的过程，是学生自主地与周围环境或教育资源发生相互作用的过程，而不是行为主义心理学所谓对人的刺激或行为的强化；强调教育的主体性，教育要尊重学生，关注学生的自我实现。同时，主体教育论强调教育要为激发学生作为主体进行判断和选择（即主体化），以帮助他们既负责任地回应自我也负责任地回应世界❺。只有将学生个体认识从人类总体认识中区分、独立出来，确认教学过程的本质是学生个

❶ 岳伟，许元元.改革开放40年我国主体教育研究的回顾与展望：基于知识图谱及文献可视化分析［J］.教育研究与实验，2019（1）：38-45.
❷ 冯建军.主体教育研究40年：中国特色教育学建设的案例与经验［J］.中国教育科学（中英文），2021，4（4）：8-19.
❸ 王道俊.主体教育论的若干构想［J］.教育学报，2005（5）：5-19.
❹ 同上。
❺ 赵康.为什么当下要重申主体教育？——格特·比斯塔"主体化"教育理论的境脉、生成与意义［J］.全球教育展望，2023，52（7）：3-15.

体认识，才能真正承认学生在教学中的主体地位❶。

主体教育是现代教育的根本任务之一。至今，学生主体、主体性、落实学生主体地位、发挥学生主体性，已然成为教育理论与实践的常用词汇，主体教育仍然具有其存在的价值和意义。因此，培养学生的主体性乃是中国教育的当务之急，这不仅有利于学生的个人发展，也有利于社会的健康持续发展。人的存在是个体性的，作为人的基本生存方式——学习，也应该是个体性的。个别化学习主张学习者可以自主选择学习内容和学习方式，注重发展人的主体意识、独立人格和个性才能，这与主体教育理论所强调的自主探索、自主交流、自主构建和自主发展是一致的。

2.学习风格理论

最先提出"学习风格"这一概念的人是赛伦。自20世纪70年代以来，有关学习风格的研究蓬勃发展，在描述、识别学习风格类型的基础上，逐渐形成了有关学习风格的较为系统的理论，称为学习风格理论❷。学习风格理论是由瑞士心理学家卡尔·荣格根据人类类型说提出的。荣格把人的学习风格分为四类：掌握型（感官—思考型），理解型（直觉—思考型），人际型（感官—感受型），自我表达型（直觉—感受型）。学习风格是一个描述学习者个别差异的概念，我国著名心理学家谭顶良教授下的定义是：学习风格是指学习者持续一贯的带有个性特征的学习方式❸。学习风格具有三个重要的特征：一是独特性，具有鲜明的个性特征；二是稳定性，很少随学习内容、学习环境的变化而变化；三是兼有活动和个性两种可能❹。学习风格被誉为"现代教学的真正基础"。

---

❶ 郭华."学生主体"的教学论意义：纪念主体教育实验30周年［J］.教育研究，2022，43（11）：56-65.

❷ 王小明.步入困境的学习风格理论［J］.外国教育研究，2020，47（5）：93-102.

❸ 谭顶良.论学习风格及其研究价值［J］.南京师大学报（社会科学版），1994（3）：46-50，56.

❹ 袁克定，刘洋.基于学习风格理论的在线导学策略设计与实践［J］.开放教育研究，2012，18（3）：83-89.

学习风格理论认为，学习风格是学习者身上表现出的相对稳定的个别差异特征，这些特征不随时间和学习场合（如具体的学科、学校学习的场景、实际工作的场景等）而变，可以用相应的自陈量表识别出多种不同的学习风格类型❶。学生个体在学习过程中，往往表现出对学习时间、学习时适宜的光线、学习时室内温度等学习环境的偏爱，具有不同的信息加工、思维和记忆的风格，这些带有个体性的学习差异是客观存在的。正如布卢姆所说，针对这些个别差异问题，关键不在于是否承认差异的存在，而在于怎样看待这些差异。有研究表明，学习者具有不同的学习风格，如果学习过程发生在学习者偏爱的学习环境中，且学习者运用自己偏爱的信息加工方式处理信息，学习过程往往是十分愉悦的，学习的效果也是很好的。因此，针对学习者学习风格差异，教学不应该整体划一地进行，需要真正做到适合学生学习风格的"因材施教"。

谭顶良指出，学习风格理论应用到当前的教学和学习过程中，主要具有以下四个方面的启示❷。第一，要把握学生不同的学习风格。通过多渠道、多侧面把握学习者的学习风格及其特征，为教学方法、教学策略的选择与运用提供基本依据。第二，制定扬长补短的教学策略。每个学习者的学习风格，既有其优势，有利于学习的一面，也有其劣势，有不利于学习的一面。教育者要充分发挥、发扬学生在学习方式和学习倾向上的优势和长处，同时弥补其存在的劣势和不足。为了促进学生各种心理机能的全面发展，可设计两种不同功能的教学策略：一类是与学习风格中的长处或学习者偏爱的方式相一致的匹配策略，它能充分发扬学生学习风格的长处，促进学生更快更好地掌握所学知识；另一类是对学习风格的短处或劣势采取有意识地失配教学策略，它能弥补学生学习机能上的欠缺与不足。第三，建构均衡匹（失）配的教学模式。教师应尽

❶ Willingham D T，Hughes E M, Dobolyi D G.The Scientific Status of Learning Styles Theories［J］.Teaching of Psychology, 2015, 42(3): 266-271.

❷ 谭顶良.学习风格的研究及其在教学实践中的应用［J］.江苏高教，1998（5）：56-58.

可能掌握多种教学方式，对不同风格的学生均衡地实施匹配和失配教学策略，以使每类学生均有机会按自己偏爱的学习方式接受教学影响，避免只对一种风格的学生实施过度的匹配而忽略其他风格的学生,为此,可以设计两种课堂教学模式。一是同时匹（失）配模式，即在同一时间内匹配或失配不同类型的学习者，其教学程序为：统一教学——分类匹配——统一教学——分类失配——总结概括。二是即时匹（失）配模式，即在一个教学单元或一堂课的不同阶段内分别匹（失）配不同类型的学习者。第四，促进因材施教的教学改革。在以往班级教学中，我们仅关注学生个体在智力等方面的差异，忽略了个体间存在的许多直接影响其学习过程的学习风格差异，包括对学习环境偏爱的差异、学习在于把人培养成工具而不是把人作为独立个体的差异等，从而也就出现同样的教学，学习者的学习效果差异却很大的现象和问题。为此，教学不能仅仅沿袭传统整齐划一的模式，而需要根据学习者的个别差异，实施"个别化教学"。在课堂上，要实现学生的真正平等，就是让每个学生都要得到适合的教学。传统的平等观认为，学生平等就是指学生入校学习的机会平等，学生随机分班、教师随机教班并为班上每位学生提供形式和内容完全相同的教学，这似乎就实现了学生教育的平等。其实，这只是一种机械的平等，并没有考虑学生的个别差异和个别需求，事实上根本没有实现学生的真正平等。因为整齐划一的教学必然只适合一部分学生的学习风格、学习水平等，而另外一些学生，却因为不适应教师的教学而常常游离于课堂之外，掌握不了相关的知识和技能。因此，在教学的过程中，必须努力根据学生的学习风格差异教学，从而真正实现教学中的"发展性平等"。

3.建构主义学习理论

建构主义是当代学习理论的革命，是影响教学设计理论与实践发展走势的重要力量❶。20世纪90年代以来，随着心理学家对人类学习过程及

---

❶ 钟志贤.建构主义学习理论与教学设计［J］.电化教育研究，2006（5）：10-16.

其规律研究的不断发展和深入，作为学习理论的一个重要分支——建构主义学习理论在世界逐渐流行起来，并且越来越受到重视。它融合了皮亚杰的"自我建构理论"和维果茨基的"社会建构理论"，并把它们有机地运用到学习理论中，形成了"意义建构"❶。其主要代表人物有皮亚杰、科尔伯格、斯滕伯格等。

建构主义主张世界是客观存在的，但是他们对事物的理解是由每个人自己决定的。不同的人由于原有经验不同，对同一事物会有不同的理解。建构主义认为，学习者不是知识的被动接受者，而是在一定的情境即社会文化背景下，通过意义建构获得知识❷。知识获得的多少取决于学习者根据自身经验构建有关知识意义的能力，学习的过程应该是教师指导下的、以学生为中心的学习。学生是信息加工的主体，是知识意义的主动建构者。由于学习者是在一定情境下，借助他人的帮助，通过人际的协作活动而实现的意义建构过程，要使个体的意义建构更有效，学习者可通过与他人的协作学习实现。建构主义学习理论对教学有重大的启示，一是启示教学应重视学生原有的知识经验背景、社会历史文化背景、动机以及情感态度等多种智力因素和非智力因素在认知学习过程中的综合作用；二是启示教学应是发展性、教育性的教学；三是启示教学要正确处理好两个中心（以学为中心和以教为中心）和两个控制（学生控制和教师控制）；四是启示我们对待教学模式的改革，应重在利用新的技术手段和教学思想开发新的教学模式，而不是重在改造旧的教学模式❸。建构主义理论形成了几种重要的教学模式，包括脚手架教学、抛锚式教学、情境性教学及随机进入教学❹。

---

❶ 杨维东，贾楠.建构主义学习理论述评［J］.理论导刊，2011（5）：77-80.
❷ 温彭年，贾国英.建构主义理论与教学改革：建构主义学习理论综述［J］.教育理论与实践，2002（5）：17-22.
❸ 杨开城.有关建构主义学习理论教学启示的思考［J］.电化教育研究，1999（2）：11-13.
❹ 王建玲，李建云，孙德花.建构主义学习理论对教学的启示［J］.教学与管理，2007（15）：76-77.

建构主义学习理论对特殊教育领域产生了深远的影响，对培智教学也具有重大的启示。其中，李晓娟借鉴建构主义教学思想中的观点，探讨了培智学校课堂教学的有效策略：一是激发学习兴趣的策略，二是引导学习新知的策略，三是练习与巩固的策略，四是评估检验的策略❶。殷丹根据建构主义的观点，提出了评价特教学校课堂教学的五个标准：一是强调特殊学生学习的主动参与性，二是强调师生之间形成有效的互动性，三是强调学生的动手实践能力，四是强调教师提问的有效性，五是强调学习材料的组织❷。当然，建构主义的学习观在教学目标、培智教学的教学模式、课程设计和教学活动设计以及教学方法的选用上也有重大的价值与启示❸。

建构主义学习理论的知识观，为个别化学习理念的存在提供了重要的理论依据。在个别化学习过程中，个体主要通过自主安排学习内容，选择适合自己的学习方式进行。独立性是个别化学习的基本特征，自主学习是个别化学习的基本形式。个别化学习可更多地理解为个性化的学习，学习者追求个性的独立，根据个人的能力和需要学习知识，建构起烙有个性印记的知识意义❹。同时，建构主义学习理论的学习观为个别化学习的实践提供了指导。在建构主义者看来，学习的过程就是学习者个体主动建构意义的过程，具有个体性；同时，为使个体意义建构更有效，学习者之间的协作也十分必要。个别化学习强调学习过程的个性化，在学习形式上不能仅拘泥于个体的自学，很多时候可表现为小组协作学习，与他人（教师、同学）之间的交互学习等活动方式。当然，这种合作学习、交互学习是以满足个性化要求为前提和出发点的。由此

---

❶ 李晓娟.建构主义启发下的培智课堂教学策略［J］.现代特殊教育，2016（1）：38-40.

❷ 殷丹.运用建构主义的观点评价特教学校的课堂教学［J］.现代特殊教育，2002（1）：22-23.

❸ 王梅.试论建构主义学习观在培智学校教学中的运用［J］.中国特殊教育，2003（5）：16-20.

❹ 邓猛，景时.特殊教育最佳实践方式及教学有效性的思考［J］.中国特殊教育，2012（9）：3-8.

我们发现，在建构主义学习理论的统合下，"个别化学习"和"合作学习"并非完全对立的两极。这两种学习理念（方式），在理论上虽然存在许多差别和对立，但在具体的学习实践中，二者可以兼容、整合，共同致力于促进学习者的学习和个性的发展与完善。

4.人本主义心理学理论

人本主义心理学是20世纪五六十年代兴起于美国的一种心理学思潮，是继行为主义和精神分析之后的"第三势力"。其创始人是美国著名社会心理学家亚伯拉罕·马斯洛，继承人是美国心理学家卡尔·罗杰斯，他们提出的核心思想是"以学习者为中心"[1]，打破了传统的"以教师为中心"的观点。在人本主义者看来，教育的本质是以人的自我完善为根本目的，教育的关键在于开启学生的心灵，使他们能够充分认识自我、发展自我，进而超越自我，实现自我的最高价值。教育要充分尊重学生个性，高度重视学习中的情感因素，教学要立足于学生个性的发展，帮助学生发展自己的个性，强调知识对学生的个人意义，强调亲身体验和自我评价，使他们认识到自己是独特的人类存在，并最终帮助学生实现自己的潜能[2]。

罗杰斯强调，教育的作用在于提供一个安全、自由、充满人情味的心理环境，使人固有的优异潜能自动地得以实现。教育要充分发掘学习者的潜能，促进学习者的全面发展，培养"身体、心智、情感、精神和心灵力量融合一体"的"完整的人"。罗杰斯认为，真正有效的教育必须唤醒学生的"自我意识"，发展和完善隐藏在内心深处的"自我"，最终达到"自我实现"[3]。因此，他倡导"意义学习"和"非指导性教学"，并就"以学生为中心"的思想为教师教学提出了五点建议：提出

---

[1] 肖爱芝.对人本主义心理学思想的诠释 [J].教育研究与实验，2009（2）：71-74.
[2] 甘昭良，王梅.论"人本特教"及其人本主义哲学基础 [J].长春理工大学学报：社会科学版，2010，23（1）：138-140.
[3] 朱为群.罗杰斯人本主义教育理论述评 [J].教育理论与实践，1991（5）：53-56.

学生真正需要的问题；为学生提供可以选择的材料；教师与每个学生订立契约；鼓励学生大胆思考；使用不同的教学方法，因材施教，根据每个学生的特点对他们进行培养❶。

人本主义教育家重视学生的个体差异和价值观。"由于每个人的过去经验和教学情境中的个人体验不同，学生之间存在很大的差异，因此，教育和教学就应该使学生发展得更像他们自己，而不是培养具有同一种模式的、相互类似的人。"人本主义强调每个人作为一个独立个体的存在，是具有个别差异的，故该理论强调学生是学习活动的主体，倡导在教学中突出学生的主体地位，重视学生的认知、情感、动机、兴趣等，尊重学生的个人经验，尊重学生的个体差异，并创造一切条件和机会，促进学生学习和变化❷。个别化学习理念正是尊重学习者学习过程的个别性、个体性，学习者根据自己的需要和喜好选择学习环境、学习内容等进行自主学习。个别化学习追求的是人的个性发展，这本身就是"以人为本"思想的最好体现。同时，人本主义强调把学习者视为一个独立的个体，可以自己主动地探索，而不是把学习者看作一个对象，需要外在的导引和灌输知识，注重"人性"，这些精神要义与个别化学习理念不谋而合。运用这些精神理念指导个别化学习，无疑是十分有益的。

这些思想为个别化学习的具体实践提供了重要的理论依据和指导。学习者根据不同情况进行个别化学习，采用因人而异的学习原则和具有个性化特色的交流和联系方式，通过建立适合个性特征、差异、潜力和前提的评价机制，使学习者在学习过程中不断得到充实、尊重、满足和成功，挖掘自己最大的学习潜能，获得自身个性的应有发展。

5.基于"最近发展区"，促进能力提升

"最近发展区理论"是维果茨基关于儿童发展与教学的重要理论，

---

❶ 宋歌，杨学志.人本主义心理学理论在教学中的应用［J］.教育探索，1996（2）：36-37.

❷ 肖春梅.论人本主义的教学理论及其对数学教学的启示［J］.教育与职业，2008（20）：79-81.

是21世纪影响力最大的教育学理论之一。"最近发展区"是个体心理机能与社会文化历史因素发生碰撞、形成新的心理机能的地方，发展不是发生在个体内部，而是发生在个体与社会的交集之内❶。作为维果茨基社会文化理论的精华，"最近发展区理论"是应用最广、对很多学科产生深刻影响的理论。它将学习者心理与社会、教学与发展紧密地结合在一起，突出了认知发展的社会性，教学对发展的促进作用，支架教学对减轻认知负荷的作用，合作学习对提升学生的重要性，儿童发展具有潜在性等特点❷。教育理论研究者与实践者普遍认为，最近发展区的概念打开了儿童发展规律的"黑箱"，它用一种隐喻化的概念揭示了儿童发展的可能性，以及成人和更有能力的同伴在促进儿童发展方面的可为性❸。研究者提炼出了最近发展区的理论意涵：首先，最近发展区的核心是发展性，体现为儿童从合作处理困难任务到独立完成任务的过程；其次，最近发展区是多层面的发展，最近发展区不是单纯地存在于认知性学习活动中，而是体现在一系列的社会文化活动中，包括学校教育、游戏、工作、休闲、艺术、政治、经济等活动；最后，最近发展区是长期的动态发展过程，最近发展区不仅是一个空间维度上的概念，而且是一个时间维度上的概念。在具体的活动过程中，最近发展区同时在空间与时间两个方面发生动态变化❹。

最近发展区理论有三个理论要点。首先，维果茨基指出，学生有两种发展水平，一是已经达到的发展水平，表现为学生具备独立解决问题的智力水平；二是学生可能达到的发展水平，在这种水平下，需要借助成人的指导和帮助才能解决问题，而这两种水平之间的距离即为"最近

❶ 陈静.最近发展区理论教育价值的深度解读［J］.教学与管理，2015（9）：8-10.
❷ 王颖.维果茨基最近发展区理论及其应用研究［J］.山东社会科学，2013（12）：180-183.
❸ Kozulin A, Gindis B, Ageye V S, et al.Vygotsky's Educational Theory in Cultural Context[M].Cambridge: Cambridge university Press, 2003.
❹ 魏戈.最近发展区：理论根脉、概念要义与育人价值［J］.杭州师范大学学报：社会科学版，2023，45（5）：66-76.

发展区"❶。其次，维果茨基指出，教学要走在发展的前面。他认为，"教育学不应当以儿童发展的昨天，而应当以儿童发展的明天为方向。只有这样，教育学才能在教学过程中激起那些目前尚处于最近发展区内的发展过程"。继而他发现，就教育过程而言，重要的不是着眼于学生现在已经完成的发展过程，而是关注学生那些正处于形成的状态或正在发展的过程。最后，维果茨基提出了重要的"学习的最佳期限"概念，即儿童对于某种技能的掌握都有一个最佳期限，即技能最适宜形成的时期❷。在最近发展区思想的启发下，教学活动中涌现出一系列令人耳目一新的教学模式：一是支架教学，即教师为学习者搭建向上发展的平台，引导教学的进行，使学习者掌握内化所学的知识技能，并为下一阶段的进一步发展再建构平台；二是交互式教学，交互式教学包括教师和学生小组之间的相互对话。最初教师进行活动的示范，之后教师和学生将轮流当教师；三是学徒制教学，在学徒制中，新手与专家近距离地一起进行与工作有关的活动，学徒制的一个关键方面是将教学置于一种特殊的文化环境中❸。

维果斯基的"最近发展区"理论明确了教学和发展之间的关系，也突出了教育在个体身心发展中的作用以及教师的主导地位❹。只有走在发展前面的教学才是好的教学，教学要不断创造最近发展区，不仅要发展学生的智力，还要发展学生的情感、意志品质、性格、观察力、思维力和实际操作能力。在进行教学的同时，评量也在进行，教学前通过对儿童家庭环境、生活环境、社区环境，儿童生长发育的各种情况，身心发展水平、特点，对学生的学习兴趣、学习态度、优弱势、教育重难点、

❶ Vygotsky, L.S.Mind in Society：The Development of Higher Psychological Processes ［M］.Cambridge：Harvard University Press, 1978：86.
❷ 田锐.维果茨基的"最近发展区"理论及其启示［J］.职业技术教育，2002，23（34）：67-68.
❸ 麻彦坤，叶浩生.维果茨基最近发展区思想的当代发展［J］.心理发展与教育，2004（2）：89-93.
❹ 张雯雯，兰继军.最近发展区理论在培智教育中的应用［J］.绥化学院学报，2015，35（10）：52-54.

教育建议与对策的讨论分析，全面了解学生的学习能力和学习起点；教学中师生互动，通过对教学环境的分析、教学过程的把握，对教学方法策略、学生回馈、认知历程、知识结构与类型、认知层次、学习策略、情感与信念系统的诊断找出学生的现有能力与发展能力之间的差距；教学结束后，通过教学结果、原因探寻，对教学内容和方法进行完善和调整，以实时确保教学的有效性。

6.遵循"多元智能理论"，促进个性发展

多元智能理论是由美国哈佛大学著名心理学家、教育学家霍华德·加德纳于1983年在其著作《智能的结构》一书中提出的。该理论认为每个学生都会有一方面或几方面的发展潜力，不同的学生其智能结构会有不同，优势领域也不一样[1]。因此，他确定了每个人都拥有相对独立存在的、同等重要的最基本的九种智能，包括语言智能、逻辑—数理智能、音乐智能、空间智能、身体—动觉智能、人际关系智能、内省智能、自然智能和存在智能。

多元智能理论一经提出，便在教育界引起了强烈的反响甚至轰动，它要求教师学会反思，发展"教育性理解"并张扬个性化的教学[2]。同时，其对特殊教育理念等产生了深远的影响，向特殊教育的传统学生观、课程观、教学观及评价观提出了挑战。在多元智能理论中，不存在所谓的"特殊儿童"，每位儿童都是各具潜能、通过教育可以得到不同程度发展的儿童。故要求设计和开发出适合学生智能分布特点的课程，根据每项智能不断变换教学方法与评价方法[3]。同时，多元智能理论要求构建新型的特殊教育观，包括全纳性主体观、多元智能观、个性化教学

---

[1] 田友谊.多元智能理论视野中的特殊教育[J].中国特殊教育，2004（1）：16-20.

[2] 胡洁茹，王宇恒.多元智能理论对教师的要求[J].现代特殊教育，2005（z1）：80-81.

[3] 田友谊.多元智能理论视野中的特殊教育[J].中国特殊教育，2004（1）：16-20.

观、情景化教学观、策略性教学观、整合性课程观和全面发展观❶，推动特殊教育向高质量发展。多元智能理论强调开展以学生为中心的教学，提倡采用"个别教育计划""对症下药"，其含义是"扬其所长""以长促短"，让每个学生都能在自己的强项上发展。同时，多元智能理论要求发展个体差异，发展学生的优势智能❷，这些理念都与个别化教育的思想十分契合。

在学校教育方面，倡导给学生提供合适的教育及环境，扬长避短、激发潜能，使学生个体的智能水平都能得到发展。对于特殊教育的启示是，特殊学生身心发展各方面的能力参差不齐，只要准确评估个案，把握特殊学生发展的优弱势，把全面发展和个性发展有机结合起来，创造学生优势发展的条件，以优势带动弱势，根据学生的特点，采用适合的教育方式，让每个学生的潜能都得到发挥，这样学生就可以得到更好的发展。

个别化教育体现了整个教育理念的更新，体现了以"学生学习为中心"的现代教育思想和观念，体现了学生主动构建学习意义的现代教育理论的主要内涵，同时，理念的更新也需要教育者和学习者重新认识自身的角色。培智学校学生由于障碍类型及程度不同，学习需求有所差异，采取同样的教学内容、教学方式和评量方法，会使一部分学生处于无效学习和习得性无助的状态。个性化教育是特殊教育中的一个重要理念和理论基础，是促进残疾儿童获得知识的重要途径。个别化教育是残疾儿童个人受教育的理想途径和管理手段，在中国的培智学校课程设置和特殊教学提升方案中，都有明确的规定，学校要全面推行个性化的差异教学。个别化教学是一种特别的教育模式，它必然会引起教育观念的变革，如人才观、价值观、教学观、师生观等。个别化教学从残疾儿童的现状入手，注重培养他们的自信心，教师在全心全意的教学中感受到了价值的体现，父母也从

---

❶ 解翠玲.构建基于多元智能理论的特殊教育观［J］.中国特殊教育，2006（1）：19-22.

❷ 尹小琳，张大均，陈旭.关注个体差异发展优势智能：多元智力理论对特殊教育的启示［J］.中国特殊教育，2005（5）：8-11.

教学中不断调整对孩子的期望。从传统教学、课堂教学，到家庭、社会实践，教育理念的民主化，不断在更新人们的教育理念，创造更加符合残疾儿童发展的各种生态环境。

知明学校以全程的角度思考，持续关注学生的终身学习，为特殊学生提供从早期干预到学前教育、义务教育、职业教育乃至成人工作与托养的贯穿其终生的关注与支持，同时对全程各节点的资源配置进行持续革新调整，满足特殊学生的发展需求。

（三）知明学校个别化教育的支撑理念

自2011年办学以来，黄埔区知明特殊教育学校始终坚持"三全"育人观，即全程、全境、全人。学校以培养学生成为全面发展的人为办学目标，以学生的生活环境为教育背景，在学生成长的全过程提供适宜的终身教育。为将"三全"育人观全面落到实处，知明特殊教育学校团队在专家学者的指导下，追根溯源，深研特殊教育精神及特殊教育政策，在中华优秀传统文化的基础上，结合"主体教育""学习风格""建构主义""人本主义""多元智能"等多种教育学重要理论，根据黄埔区特殊教育发展的实际情况及特殊学生的实际发展需求，形成了"人道·知明·容和"的知明办学理念，并以此为根基构建了"和"教育课程体系，以期促进特殊儿童全面健康的发展。

1.人道："百年树人，本于立道"

此处之"道"，取于老子的《道德经》。"道"是由首和走之旁结合，前者有头脑、思想之义，而后者则有行走、实践之义，二者结合起来，就是人的立身之本[1]。"道"作为老子哲学思想的核心，贯穿其思想体系始终。老子的"道"主要包含两层意义：人道和天道[2]。人道的第一层含义，即人道规律，也就是人生长发展的规律。道，为中华文化中独

---

[1] 魏新颖.老子《道德经》中"道""仁"与"反"的思想研究［J］.汉字文化，2021（14）：180-182.

[2] 李富强.老子的天道与人道观探析［J］.周口师范学院学报，2015，32（6）：17-19.

有的哲学思想，对哲学、社会、政治、文化、军事等各个领域的影响甚巨。"十年树木，百年树人"，教育是长久之计，关乎国家民族兴衰，但绝不可违背规律"拔苗助长"走偏路。从此处的"道"之意出发，要求我们发展特殊教育必须遵其"道"，一方面是遵循特殊教育的发展规律；另一方面则是遵循特殊学生身心发展的客观规律，应从全境、全程到全人，培养合乎其道的社会人。

人道还有另一层含义，即"人道主义"。特殊教育便是人道主义的产物❶，是特殊教育的思想基础❷，深刻地影响着特殊教育的发展。人道主义具有两种含义：一种是作为世界观和历史观的人道主义，另一种是作为伦理原则和道德规范的人道主义❸。我们国家在发展特殊教育和制定残疾人事业规划的文件和政策中，几乎每一次都要出现"提高认识""发展残疾人事业体现社会主义的人道主义""发展特殊教育符合社会主义人道主义的精神"等表述。因此，我们应把人道主义当作一种根本性或最优先的价值尺度来看待❹。从此处的"道"之意出发，要求我们推动教育事业必须为人道主义服务，提倡关怀人、尊重人、以人为中心的教育观，主张人格平等，互相尊重，为彰显每个人的价值、维护每个人的尊严与权利提供支撑。于学校而言，要求学校所有的教育活动都应以特殊学生为本，尊重所有学生，关怀所有学生，尽最大力量为特殊学生的成长和发展提供最适合的教育。当然，人道主义也意味着特殊教育需要人道主义的关怀和支持，并非只是特殊教育学校的教师或学生家长之责，全社会都应行动起来，为特殊教育的发展保驾护航。

综上所述，在道家哲学思想的基础上，知明特殊教育学校结合人道主义精神，秉承以学生为中心的思想，凝练出了学校的办学之本，即

---

❶ 韩霞.我国特殊教育研究概览：评《特殊教育学学科地图》[J].科技管理研究，2022，42（17）：256.
❷ 葛新斌.人道主义是特殊教育的思想基础[J].中国特殊教育，1997（2）：44-48.
❸ 胡乔木.关于人道主义和异化问题[J].科学社会主义，1984（1）：5-31.
❹ 葛新斌.关于特殊教育价值问题的再探讨[J].中国特殊教育，2002（2）：12-16.

"百年树人，本于立道"。

2.知明："知止善为，明德贵生"

知明为我校校名，其主要有三层含义。一是知止明德的意思。该意源自《礼记·大学》，《礼记·大学》开篇提出："大学之道，在明明德，在亲民，在止于至善。知止而后有定；定而后能静；静而后能安；安而后能虑；虑而后能得。"其大意是指大学的宗旨在于弘扬光明正大的品德，在于关怀人民，学习和应用于生活，使人达到完善的境界。知道应达到的境界才能志向坚定；志向坚定才能镇静不躁；镇静不躁才能使内心安定；内心安定才能思虑周详；思虑周详才能处事合宜。知明学校取"知"和"明"两个关键字，意思是希望知明人不仅知善行善，更能明善，将善行惠及大众，同时要意志坚定地执行。二是智（知）慧明达的意思。源自《荀子·劝学》，文中提道："故木受绳则直，金就砺则利，君子博学而日参省乎己，则知明而行无过矣。"意思是木材用墨线量过就能取直，刀剑等金属制品在磨刀石上磨过就能变得锋利，君子不仅要广泛地学习，而且每天多次检查反省自己，这样他就会智慧明达，行为不会有过错。此句以木材、金属两个意象设喻，强调君子要检查反省自己，才会知识通达，行为端正。知明学校希望知明的教师通过不断学习，成为智慧明达的君子。三是知道、了解的意思。俗话说"要给学生一碗水，教师要有一桶水"，故取"知"为名。第一，希望知明教师知道并掌握特殊教育领域的相关政策、"知"识及方法，更好地为特殊学生提供终身的教育服务。第二，希望特殊教育的相关知识、特殊教育人群能被社会所熟"知"与了解，更好地包容特殊人群，构建全社会的"和"文化。第三，希望学生在接受特殊教育后，能知晓一定的"知"识，明白一定的道理，为其融入社会做好充分的知识与技能准备。

在深研《礼记·大学》和《荀子·劝学》的基础上，知明特殊教育学校要求每一名知明人都具备珍爱生命、明理向善、智慧明达、弘扬美德的品行，因此，"知止善为，明德贵生"便成为知明特殊教育学校的校训。

3.容和："万物常容，共生而和"

"海纳百川，有容乃大。壁立千仞，无欲则刚。"这句话是清朝道光十九年，民族英雄、政治家林则徐为广州越华书院创作的对联，成了千古名言。意思是大海因为宽广才容纳了成百上千条河流，高山因为没有钩心斗角的凡世杂欲才如此挺拔。有了海纳百川的宽阔胸怀和气度，就能容下难容之事，就能于人于己无所不容。上联阐述何为大，大是无数小组合成的整体，能够容纳天下难容之事，乃心胸宽大；能不断积累和学习，乃知识的渊博；存在于宇宙万物的事物，一定会在人的意识和活动中发生，能够包容世间万象和试着了解不同领域，对于个人思想的成熟有巨大的意义，人的伟大和渺小也在于此。下联以历经风吹雨打、雷劈电击而屹立高耸的陡峭岩壁为喻，表明要排除一切杂念，坚持正义，做一个无私无畏、刚直不阿的大丈夫。"和合共生"是充满哲理的发展思想，"和"表示不同事物、不同观点的相互补充，是新事物生成的规律。"和""合"互通，是"相异相补，相反相成，协调统一，和谐共进"的意思。这种人己统一的情操，不仅有利于个人身心健康，境界提升，也可以调整人与人之间的关系，使之达到合理融洽的境地。知明特殊教育学校取"容和"二字，主要有三层含义。其一为希望知明人甚至所有人能平等待人，消除歧视和偏见，使人人享受同等的权利和尊严；其二为希望所有人能宽容待人，对他人的缺点、错误要尽量以宽容的胸怀对待；其三为希望所有人能尊重他人，给予他人足够的关心与关爱，并提供力所能及的帮助。

知明特殊教育学校要求每一名知明人都能平等待人、宽容待人、尊重他人、和谐相处，"万物常容，共生而和"便成为知明特殊教育学校的校风。

（四）个别化教育理念在知明学校的深化

探究万事万物的生存关系，其实都是互利互惠的共生关系。万事万物皆可容，当相容成为自然常态时，必将相互容和、共生共长。构建特殊教育共同体，接纳、包容每一个不同的个体，促进其与社会相容，最终培育和谐发展的社会人。因此，"万物常容，共生而和"也是我们的办学愿景。"人道·知明·容和"的知明个别化教育理念也进一步得到深化。

1."人道"为先，以学生为本

人道主义和人权思想是特殊教育的出发点，是特殊教育的最基本理论，也是最被人们所采纳的理论[1]。"人道"，即爱护人的生命，关心人的命运，尊重人的人格和权利的道德。"人道"要求以人为本，爱护学生，尊重学生的人格，遵从学生的身心发展规律。以学生为主体，将教学目标聚焦于学生未来发展这一长期目标上，培养和激发学生终身学习的能力与激情。在国家培智课程架构下，教师对学生进行课程评估和教育诊断，了解学生的起点能力和学习特质，通过综合分析和研讨，制定学生的IEP目标。在教学过程中，各班教学团队需要针对学生的个体差异，采取相应的教学策略，各科教师需要将"以学生成长为中心"落实在课堂教学的每个环节中，强调学生的主体地位，着眼学生的个性发展，力求实现"学生需要什么，我们就教什么""学生需要什么，我们就提供什么服务""学生如何学，我们就如何教"的个性化教育。

2."知明"为径，以生活为核心

"知明"出自荀子《劝学》："君子博学而日参省乎己，则知明而行无过矣。"包含三个解义：一是古汉语中"知"通"智"，这体现了学校的办学对象和办学性质；二是"知道明白"和"知识文明"，这体现了第一层次的办校目标——学生通过学习和掌握一定的文化知识和社会规范，做有文化素养的文明公民；三是"智慧明达"之意，这体现了第二层次的办校目标——通过融合教育，促进各阶层及人群之间的相互接纳、和谐发展，促使其成为与环境和谐发展的人。

以学生生活为核心，课程立足于学生生活实际，课程内容以学生生活需求和问题为出发点，遵循学生的生活逻辑及身心发展特点。同时，围绕学生个人生活、家庭生活、学校生活与社会生活等内容进行有机整

---

[1] 陈云英.建构特殊教育理论［J］.中国特殊教育，2003（1）：7-12.

合，在教学中注重学习和生活经验紧密联系，注重利用和创设生活情境，教学内容生活化、情节化，帮助学生认识自我，处理好与家庭、他人、社会的关系，提高学生解决生活实际问题的能力，熟练掌握未来生活所需的技能，促进其融入社会。

3. "容和"为终，以和谐发展为目标

"容和"，即为"融合、和睦"之意，既是一种思想理论，也是一种实践追求。以人的和谐发展为目标，一是促进特殊学生全面、充分发展进而实现培养目标；二是促进人的自身发展需要与社会发展需要的统一，即培养适应社会发展的人。结合新课标的要求和各年龄阶层学生的认知发展规律及发展需求，"和"教育在各年级段均存在不同的表现。低年级段，即一年级至三年级，注重发展学生的基础能力（生活自理、沟通交往、感知觉、动作等）和培养学生的学习常规；中年段，即四年级至六年级，注重培养学生的生活技能和功能性学习的能力，促进亲子、同伴之间的良性互动，建立和睦的亲友关系；高年段，即七年级至九年级，注重培养学生适应社会的能力和自我决策、自我规划的能力。

二、适切推进——以全境的生态把握

2011年办学之初，知明特殊教育学校便坚持贯彻个别化教育理念，在国内外特教专家的指导下，全面落实个别化教育计划。2016年，学校课程处开始对中国传统"和"文化进行研究，结合我校区域发展特点及学生发展需求，于2018年构建了我们的"和"教育特色课程体系。通过对学生进行个别化的教育评估，从人境和一、人亲和一、人己和一、人社和一四个培养目标中选出以学生为中心的个别化教育目标。学校大力发扬"专业、事业、卓业"的教风，以学生终身发展与生活为中心，根据学生所处的生态环境、身心特点，设计符合其身心发展规律的课程，使学生能够与环境、自我、亲人、社会达到"和"的状态，最终实现"人道和一"。

"和"课程是在中国博大精深的"和"文化引领下，开展的特殊教育和谐育人课程。"和"课程以"人道"为先、"知明"为径、"容和"为终，基于国家培智课程标准，围绕层级递进的"和乐·和睦·和善·和谐"四和目标，开发适合学生需求的兼具生活性、丰富性和选择性的课程内容。立足学生核心素养，"和"课程发展出"和知、和行、和健、和美、和己、和融"六个领域的光谱式课程群。"和"课程的设计解读如下。

"人境和一"为核心。为使学生具有符合其外在生态环境的内在身体环境，根据其需求提供全面的支持环境。注重发展学生的基础能力（如动作、语言、认知、社会等）和培养学生的学习常规。期望学生在支持性的环境中，能够具备融入集体生活的能力，以适应外在生存环境，从而达到人境合一。

"人亲和一"为核心。与重要的家人建立良好关系，学生主要进行的是以生活技能为基础，亲子教育为核心的从发展性逐渐过渡到功能性的学习。学生既能逐渐掌握个人生活技能，减少家人负担，学习一些简单的家务技能，协助家人做简单的家事，又能参与家庭活动，提升个人价值，实现与家人及环境相互融合，从而达到"人亲和一"。

"人己和一"为核心。发展学生的责任感以及自我管理、自我规划的能力，培养其适应社区生活的能力。当学生具备适应家庭生活的基本生活技能后，发展学生自我决策、自我规划的能力，提高其社会技能。希望学生学会使用社区资源，满足日常生活所需，从而达到"人己和一"。

"人社和一"为核心。依据学生的生态环境、身心特点，主要开展以生活为基础，以职业技能和职业素养为核心的社会性课程，为学生提供基础文化知识学习和职业技能训练，使其具有基本的文化科学知识和适应生活、社会以及参与社会服务的基本技能，具备一般性工作能力和休闲娱乐能力，能够经营较为丰富完善的日常生活，成为适应社会发展、自食其力的社会劳动者，从而达到"人社和一"。

从学校建立之初到发展至今的实践都是在个别化教育理念的指引下，根据国家、省市的指导文件适切推进学校层面的课程体系丰富与完善，经过了初创、发展与深化几个阶段，从最初的生搬硬套到因地制宜，找寻自身特色，开拓多元整合的课程体系满足学生发展需求，始终坚持动态多元的思路推进理念更新，从而指导实践稳步向前。

（一）初创：从生搬硬套到因地制宜

2001年6月，教育部颁布的《基础教育课程改革纲要（试行）》提出新课程改革的目标之一是"改变课程管理过于集中的状况，实行国家、地方、学校三级课程管理，增强课程对地方、学校及学生的适应性"。2007年，教育部颁发了《培智学校义务教育课程设置实验方案》，这成为培智学校课程改革的指导性文件，体现了"以人为本""生存教育"的指导理念及以"适应生活"作为培养目标的核心。新课程方案将校本课程作为选择性课程之一，列入培智学校的课程体系中，提出"学校可根据地域特征、社会环境、经济文化发展的特点以及学生实际生活需要，设置和开发具有本校特色的课程"。在基础教育课程改革背景下，根据培智教育对课程和教材的迫切需要，知明学校根据本校智力障碍儿童的身心特点和学校教育教学的实际需要致力于开发校本课程。

2022年6月，广东省人民政府办公厅转发了省教育厅等部门颁发的《广东省"十四五"特殊教育发展提升行动计划》，部署各地推进特殊教育高质量发展。重点工作首先是健全特殊教育体系，拓展特殊教育需要对象；其次是支持保障体系建设，构建普职特医康融合教育格局；最后是深化课程教学改革，全面提升特殊教育发展质量与专业水平。

知明特殊教育学校在实践过程中，坚持宏观政策文件的指导，结合微观地域需求。首先，重新梳理了学校的办学思想、办学理念和育人目标，从顶层设计构建学校的课程结构与课程框架。为了提高学校课程改革的科学性、有效性，一方面，知明学校对丰富的培智课程改革经验、教训、事实及材料进行认真梳理和系统研究，从培智课程改革的动因、条件、范围、过程、模式、策略、方法等方面进行综合与整合；另一方面，从研究教育对象出发，深入研究培智教育的理论问题，尤其是培智教育的课程理论，在总结经验与吸收借鉴的基础上，构建符合培智教育特点的理论框架和实践模式，以指导符合教学生态的课程改革。

（二）发展：从功能单一到多元整合

2016年，教育部颁布了《培智学校义务教育课程标准（2016年版）》，为培智学校教育教学指明了方向，标志着我国培智教育质量提升踏上了新的征程，也引导和启示着各地区培智学校课程改革，寻求多方力量共同为学校课程改革的深入和完善提供支持与保障。

对教学取向的认识是影响个别化教学的又一个重要理念。不同的教学取向影响教育者对教学目标、教学组织、教学内容和教学方法的选择。受此影响，不同教师对特殊儿童掌握知识和发展能力所给予的重视程度也不同，这是对教学取向的不同认识。特殊教育学校的个别化教学改革，必须秉持"生命"发展的教育理念，引导教师把教学目标与学生各具特色的生命状态结合起来，用教育的智慧和力量帮助他们享有品质生活与出彩人生。

（三）深化：从静态单一到动态多元

随着普通教育改革与融合教育的不断推进，特殊教育学生作为义务教育的适用对象也必然需要考虑一般学生的核心素养培养与发展问题。学校在一般性课程与选择性课程落实上，构建了"和"教育课程体系，以"人道"为先、"知明"为径、"容和"为终，基于国家培智课程标准，以学生发展与生活适应为中心，围绕层级递进的"和乐、和睦、和善、和谐"四和课程目标，发展出"和知、和行、和健、和美、和己、和融"六个领域的光谱式课程群。六"和"课程群互为关联、相互渗透，及时关注学生各个领域的不同需求，发掘学生的多元智能，真正服务于学生的品质生活。每个学生都可以在六"和"课程群中定制属于自己的课程，在家校社的协同培育下，逐步递进、不断成长为"四和"学生，最终成长为和谐发展、适应社会的公民。

根据国家《培智学校义务教育课程设置实验方案》和《培智学校义务教育课程标准（2016年版）》的相关培养目标和要求，结合学生的身心特点和学校的实际情况，目前知明学校使用了四种课程发展模式，形成螺旋上升式的四种动态课程发展模式，以满足不同年龄阶段学生的教育与生活需求。

第一种模式是针对低年级段的学生，以发展性课程为主。开设7门一般性课程（生活语文、生活数学、生活适应、劳动技能、运动保健、唱游律动、绘画手工）和5门选择性课程（艺术休闲、团体知动、社交沟通、社区课程、烹饪课程）。

第二种模式是针对中年级段的学生，以功能性课程为主。开设7门一般性课程（生活语文、生活数学、生活适应、劳动技能、运动保健、唱游律动、绘画手工）和5门选择性课程（艺术休闲、团体知动、社区课程、烹饪课程、信息技术）。

第三种模式是针对高年级段的学生，以社会适应课程为主。七、八年级开设7门一般性课程（生活语文、生活数学、生活适应、劳动技能、运动保健、唱游律动、绘画手工）和5门选择性课程（艺术休闲、社区课程、烹饪课程、社团课程、信息技术）。

第四种模式主要针对的是职业班的学生，以社会性的职业课程为主，包括公共基础课（语文数学学科课、职业适应、计算机应用基础、法律基础知识、求职方法与技巧、职业素养），生活技能课程（个人生活与自理、中餐烹饪、个人卫生清洁与维护、社区适应与使用、食品营养与烹饪、家用电器及燃气具使用、家居保洁、衣服清洁与保管、家居美化、家庭休闲与生活技艺、家庭安全、家庭理财、卫生常识）和专业基础课（汽车美容、公共卫生清洁、西点烘焙、手工制作）。

三、优质创生——从全人的角度看待

2007年颁布的《培智学校义务教育课程设置实验方案》（以下简称《方案》）明确提出了"注重以生活为核心"的思路，促进培智学生"把所学知识运用到解决实际生活问题的实践中"，生活化取向的核心地位开始确立并在2016年得到进一步深化，《培智学校义务教育课程标准（2016年版）》在《方案》的基础上将培养提高学生生活与社会适应能力作为教学的出发点与归宿，生活化取向越发突出，指引着优质创生的改革取向，以适宜、优质的教育教学生学会生活、享受生活。同时强调文化知识与社会生活两个维度的结合，强调从真实的家庭和社区生活实际出发，从生活中发展教学的主题，为学生未来的独立生活做准备。

学生障碍类型与程度日益复杂，单一的课程体系很难满足所有学生的需求。需要通过校本化实施和优质创生来提高国家课程的有效性与适切性，并进行创造性的开发与整合，为培智学生适应生活和社会打下坚实的基础，扩大生活化课程的外延，使培智学生的学习场域扩大至学校、社区和社会，促进培智学生从生活适应走向自我决定，实现生命的价值与意义，真正做到公平且有质量的培智教育。

知明学校致力于结合地域、依据学情且挖掘资源进行课程的优质创生，倡导尊重多样性，包容差异，发展和谐关系的"和"文化与"和"教育，它蕴含诸多文化传统与哲学意象，但其核心内涵包括天人合一、和谐共处、和而不同。

（一）"和"文化与特殊教育

特殊教育理念强调以生活为核心，通过学习生活，达到学会生活。根据社会发展需要和学生个别化教育需要，遵循生活基本规律，促进学生自我及与所处环境和谐健康发展的教育，与"和"文化内涵高度一致[1]。

1.天人合一

"天人合一"是中华优秀传统文化中具有代表性的重要观念，体现了传统文化中整体有机的宇宙观、生态观。中国古人早就将对世界万事万物联系性的认识与共生性联系起来，用阴阳的共生性逻辑演绎出各种各样的共生性，乃至天地人的共生性，形成"天人合一"概念。因此，各种各样相互之间的问题、挑战、风险、机遇以及可能的发展趋势和取向，都存在于共生关系中，教育的各种领域与学派要想发展，也必须寻

---

[1] 张文京.特殊教育和谐课程探新［J］.中国特殊教育，2005（8）：86-89.

求共同合作与发展。

"天人一气贯通，万物一体相关"，特殊教育作为教育的一个不可或缺的领域，与一般的主流教育或普通教育形成共同体，相互依存、相互联系，共同面对和处理日益复杂的学生教育中的各种问题与挑战。

2.和谐共处

在马克思主义思想中，"和谐"具有三层重要的含义。其一为人与自然的和谐共处；其二为人自身的和谐发展，意在实现人的完整性；其三为人际交往的和谐设计，意在实现人际关系的和谐和社会的公正❶。"和谐共处"通常是指生物的生活状态，指生物在一定的自然环境下生存和发展的状态，以及它们之间和其与环境之间环环相扣的关系。与人相关的生态有三种：自我身心环境状态、自然环境状态和社会环境状态。人的自我身心环境总是置身于自然和社会环境之中，准确说是在与自然和社会的相互关系中演进，三者总是处于一种互相作用、和谐共处的平衡关系状态。

特殊教育注重教育对象的适应性，希望通过一定的教育或康复训练，使教育对象能够具有适应自我身心发展需要的身体能力、社会环境发展需要的人际关系适应能力，以及自然环境状态的生存生活能力，简言之，就是使三种环境状态达到和谐共处，即互"和"状态。

3.和而不同

"和而不同"是宇宙万物对立相生、互依互存、矛盾统一的世界观，是统合价值差异、寻求价值共识的方法论，是一种差异共存的价值观❷。"和而不同"是中华文明的智慧，其内涵不仅是指一种伦理德行、一种存在状态或一种包容能力，而且是具有深刻哲学意义的方法论。"和而不同"既为我们提供了观察万事万物的儒学视角，为我们处理各

---

❶ 李晓晴.西方马克思主义思想中的和谐意蕴［J］.学术交流，2012（11）：21-23.

❷ 刘松.和而不同的社会观：凝聚价值共识的思想原点［J］.山东社会科学，2023（6）：20-26.

种复杂境况提供了必要的工具，也为我们在各种各样的境遇中进行道德选择提供了切实可行的路径❶。孔子云："君子和而不同，小人同而不和。"其大致意思为君子可以与他周围的人保持和谐融洽的氛围，但他对待任何事情都持有自己独到的见解，而不是人云亦云，盲目附和；小人没有自己的见解，虽然常和他人保持一致，但实际并不讲求真正的和谐贯通。孔子把"和同之辨"作为区分君子和小人的标准之一。君子追求和谐而不要求一致，这样才能兼容并蓄，才能真正求同存异。万事万物的发展变化总是有内部矛盾和外部矛盾，内部矛盾是事物发展的根本原因。绝对的统一，事物是难以发展和延续的，唯有通过彼此交互作用，协调发展才有可能实现。

特殊教育实施的是个别化教育，尊重个体的差异性，强调根据个体的需求因材施教。但是特殊教育并不是独立的一种领域，更不是与其他教育领域背道而驰的教育，它是以大教育规律为背景，遵照的也是人身心发展的一般规律。特殊教育事实上是个性与共性的教育，因此，特殊教育与普通教育一样，都是在教育者、教育对象和教育过程中互相交融、互相影响、互相作用下共同发展的。

（二）"和"文化与特殊教育共同体

世界万事万物的存在、发展和变化皆是依赖"和"实现的，"和"存在于发展过程中，"和"使事物发展具有多样性、稳定性、可持续性。按"和"文化理念，人们需要时时刻刻寻求矛盾的对立统一，避免矛盾对立激化，将其控制在萌芽状态。"和"文化具有巨大的内聚力、内旋力，特殊教育应当在特殊教育群体复杂严峻的各种关系和问题中，具有对抗矛盾和冲突的强大力量，而这种能量只能来源于"和"文化，通过"和"文化理念将与特殊教育相关联的所有参与者形成共同体，这些共同体包括区域特殊教育发展共同体、校长发展共同体、教师发展共

---

❶ 姚新中.和而不同：人类共同价值重构的路径［J］.中州学刊，2023（2）：104-109.

同体等，这样才能获得合作与发展。

特殊教育共同体的核心是合作，平衡特殊教育个体与自我、环境、社会的共同发展，与"和"文化追求天人合一、和谐共处、和而不同等思想是一致的，都属于共生关系范畴，旨在实现如何共处、如何共生、如何共同获得美好的未来。"和"文化引导下的特殊教育命运共同体的构建可以将特殊教育的矛盾消除在萌芽状态，可以直接迅速解决出现的各种问题，从而有效促进社会的文明进步。知明学校也将继续秉持"和"文化，致力于构建特殊教育共同体，为更多的特殊群体提供更优质的服务，促进社会更加和谐、公平发展。

第三章

生本·生活·生长的实施
原则

第一节　共生而和，和谐发展

　　义务教育阶段是特殊儿童学习生涯中跨时最长，也是学生系统、整体学习知识、技能的时期。根据特殊儿童的身心发展规律与特点，分为低年段（一年级至三年级）、中年段（四年级至六年级）、高年段（七年级至九年级）三个阶段。在课程安排与教学内容的选择上注重层层递进、螺旋上升；三个阶段教育内容由浅入深、由易到难，注重课程内容的连续性和顺序性（图3-1）。低年段侧重发展学生的基础能力和学习常规，关注学生需求表达与规则的建立，使学生安全、健康地生活；中年段以生活技能为基础，立足家庭、学校、社区，侧重培养学生融合社会环境的能力，引导学生自主发展；高年段着重发展学生的自我决策能力，解决生活重点问题，成为家庭中的主力，培养学生积极乐观的生活态度和步入社会的基本能力，找到自己的立足点与价值感。

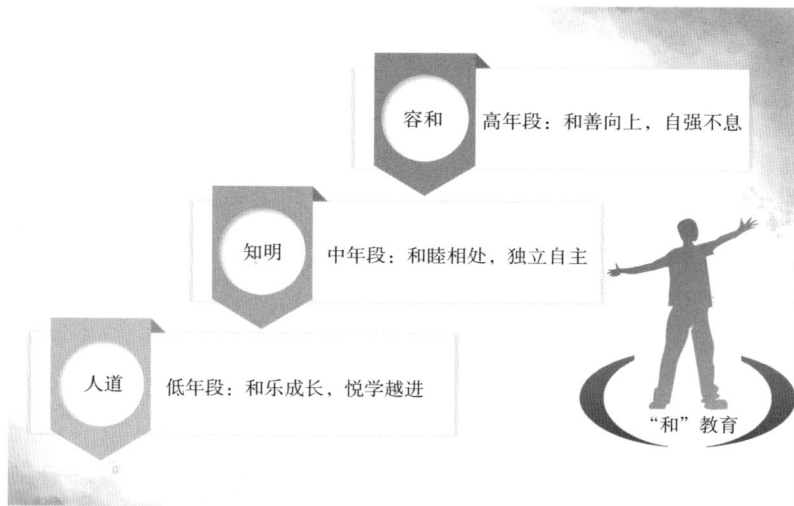

容和　高年段：和善向上，自强不息

知明　中年段：和睦相处，独立自主

人道　低年段：和乐成长，悦学越进

"和"教育

图3-1　低、中、高年段实施原则

第二节 低年段：和乐成长，悦学越进

（一）阶段目标（表3-1）

和乐（好照顾）：在适性的支持下，感受家庭、学校和社区活动的快乐，能维持身体功能在最佳状态，能通过多种途径实现自我需求的表达，能有自己的休闲活动，对每日生活有所期待。

表3-1 阶段目标

和乐（好照顾）	
课纲的目标	希望他/她有了能力后，即使要他人养护也能做到以下几点 1.参与丰富的生活活动，协助者不费力 2.他/她能有感觉感受 3.别人询问意愿，他/她能做出回应 4.情绪稳定，有喜好
需要学习的能力	培养对活动或用品的喜恶感觉，做出简单的选择 当他人没有陪他/她时，能安静有事可做或有事可想

（二）学生特点与需要

培智学校低年段（一年级至三年级）学生处于6~10岁的年龄段，大部分学生在入学前教育效果不佳或是完全未接受过特殊教育，各领域发展空间较大，为了适应学生身心特点和需求，低年段教育重点发展学生的基础能力（生活自理、沟通交往、感知觉、动作等）和培养学生的学习常规。

（三）教育目标

通过三年的教育训练，提高学生的个人基本能力，将学生培养成身心稳定，在支持下能参与社区活动，对自己的生活有所期待，能配合别人动机和意愿的好照顾者，能够让学生在支持的环境下快乐生活，和乐成长。

（四）成果指标（表3-2）

表3-2　成果指标

基础能力	生活自理（饮食、如厕、身体清洁、穿着、午休），沟通（内在语言、听、说、读、写、非语言沟通），感官知觉（视觉、听觉、触觉、前庭觉、本体觉），粗大动作（姿势控制、移动力、运动与游戏），精细动作（抓放能力、作业能力、工具使用能力） 　认知（注意力、配对与分类、顺序），知觉—动作（1项~12项）
学习常规（情绪行为）	人际常规（互动安全、同学互动、教师互动） 　上课常规（避免危险、遵守作息、适应场地、适应活动） 　物品常规（教室玩具、教室用品、教室装饰） 　发展出：愿意他人在旁、能被引导、能模仿动作、能听从指令（配合）、能主动参与

（五）课程设置

低年段的课程内容以"基础能力、学习常规"为重点，按照学生能力发展的顺序、各阶段的发展顺序及重点，课程设置如表3-3所示。

表3-3　课程设置

类型	一般性课程（7科）							选择性课程			
科目	生活语文	生活数学	生活适应	劳动技能	唱游律动	绘画手工	运动保健	康复小组	校本烹饪	团体知动	社交沟通
一年级	3	2	3	1	3	2	2	2	/	2	2
二年级	3	2	3	1	3	2	2	2	2	2	2
三年级	3	2	3	1	3	2	2	2	2	2	2

（六）生活适应课堂结构（表3-4）

表3-4　生活适应课堂结构

低年段	以知觉—动作为核心	活动环节		要点
环境创设与设计（创设生活化情境、与学生的个人经验相联系——一个情境）	知动（根据音乐节奏、视觉路线持续跪走或走走停停、点名签到）	例行活动，根据环境信息能自己做出判断并反应	整体	一月一个或一学期一个，仪式化活动带入课程、输入感知觉、提升警醒度，年龄越小，时间越长
	知动（位置转换、多感官的输入）	导入活动：儿歌、课本教材、戏剧、视频、图片等（注重与学生的生活经验相联系、以生活需要为出发点）		通过以旧带新的方式，使用故事、视频、儿歌、图画书、自制教材等方式带入情境
	知动	整体讲解　1步　2步　3步	整体	教学要分步骤，学生更容易学习，更有兴趣，情绪更稳定
	知动	分组活动	分化	根据学生的能力异质分组（a、b、c组协作完成）、同质分组（a组独立性、b组部分协助、c组支持协助下完成）
	知动	个别活动	个别	同质分组，个别操作培养学生独立操作的技能，有些课程可以不要个别操作，只进行分组
	知动	高潮活动：统整，调整动静的量，平衡例行活动	统整	通过展示、表演、鼓励、分享等方式进行，带给学生意犹未尽的感觉 下课的仪式活动，让学生懂得结束、关闭的含义

第三节　中年段：和睦相处，独立自主

（一）阶段目标（表3–5）

和睦（好家人）：能成为家里和社邻中和睦的一分子，情绪稳定，友爱家人，亲和社邻，能完成大部分生活自理活动，承担一定的家务劳动，能在闲暇时自我休闲，能在支持下使用社区设施、参与活动，尝试在家庭活动策划中表达想法。

表3–5　阶段目标

和睦（好家人）	
课纲的目标	希望他/她有了能力后，即使要与他人同住/集体住宿，也能做到以下几点 1.处理最私密的生活 2.解决生活关键问题，简单地吃、喝、拉、洗漱、穿脱等 3.能使用辅具完成生活休闲沟通
需要学习的能力	学习操作简易辅助的动作认知能力并能使用辅具 当家中短暂无人时，能自我休闲与生活自理，安全与求救

（二）学生特点与需要

培智学校中年段（四年级至六年级）学生处于9～14岁的年龄段，经过三年学习，学生已具备基础能力和学习常规，情绪行为也相对稳定。在未来的三年学习中，教育重点应以生活技能为基础，着重培养学生与家人、家庭环境和睦相处的能力，注重让学生从发展性学习逐渐过渡到功能性学习。

（三）教育目标

通过三年的教育训练，学生能在学习中逐渐掌握个人生活技能，学习一些简单的家务技能，协助家人做简单的家事以减轻家人负担，也能参与家庭活动，提升个人的价值，实现与家人及环境的相互融合，从而达到"和睦"，过上有品质的生活。

（四）成果指标（表3-6）

表3-6　成果指标

基础能力	认知（读的能力、写的能力、数概念、数计算、自然常识、习俗传统、记忆顺序分类、判断、辨别、选择、改正）
	沟通（适应性反应、语言理解、语言表达、语言使用）
独立自主	生活自理（饮食、穿着打扮、如厕、就寝、个人清洁）、健康安全（饮食卫生、疾病防治、性知识、安全常规）
	休闲娱乐（选择休闲活动、自我休闲活动、团队休闲活动）、独立自主养成习惯（主动去做、守规则、作息）
	重视品质（完成、顺序、数量、质量）
	适应社会（交通、采购、参与社会活动、遵守社会规范）
家事技能	衣物整理（自己、家人）、衣物清洁（自己、家人）、清洁打扫（家庭环境）
	烹饪技能（洗菜、择菜、厨房助手）、金钱概念（购买技能）
	家庭生活（分担家务、家庭责任、接待客人）
社交技能	结交朋友（友好态度、认识朋友、恰当交友方式）、表达情感（表达需求、表达方式、表达分寸）
	团体适应（遵守团队规范、协调成员关系、团体活动体验）、求助助人（表达求助、掌握救助技能）

（五）课程设置

中年段的课程内容以"独立自主、家事技能、社交技能"为重点，按照学生能力发展的顺序、各阶段的发展顺序及重点，课程设置如表3-7所示。

表3-7　课程设置

类型	一般性课程（7科）							选择性课程			
科目	生活语文	生活数学	生活适应	劳动技能	唱游律动	绘画手工	运动保健	信息技术	校本烹饪	团体知动	心理健康
四年级	3	2	3	2	2	3	2	2	2	2	1
五年级	3	2	3	2	2	3	2	2	2	2	1
六年级	3	2	3	2	2	3	2	2	2	2	1

（六）生活适应课堂结构（表3-8）

表3-8 生活适应课堂结构

中年段	以知觉—动作为核心	活动环节		要点
环境创设与设计（创设生活化情境、与学生的个人经验相联系——一个情境）	知动（手指操、主题律动等带动身体动作）	例行活动，课堂开启的仪式化活动	整体	一月一个或一学期一个，仪式化活动带入课程、输入感知觉、提升警醒度，年龄越小，时间越长
	知动（位置转换、多感官的输入）	导入活动：儿歌、课本教材、戏剧、视频、图片等（生活经验、生活需求、生活中遇到的问题，注重与学生的生活经验相联系，以生活需要为出发点）		通过以旧带新的方式，使用故事、视频、儿歌、图画书、自制教材等方式带入情境
	知动	整体讲解　1步　2步　3步		教学要分步骤，学生更容易学习，更有兴趣，情绪更稳定
	知动	分组活动	分化	根据学生的能力异质分组（a、b、c组协作完成）、同质分组（a组独立性、b组部分协助、c组支持协助下完成）
	知动	个别活动	个别	同质分组，个别操作培养学生独立操作的技能，有些课程可以不要个别操作，只进行分组
	知动	高潮活动：统整、个别、小组展示汇报　例行活动：课堂总结、课堂检核	统整	通过展示、表演、鼓励、分享等方式进行，带给学生意犹未尽的感觉　下课的仪式活动，让学生懂得结束、关闭的含义

第四节　高年段：和善向上，自强不息

（一）阶段目标（表3-9）

表3-9　阶段目标

和善（好帮手）	
课纲的目标	希望他/她有了能力后，即使要与他人合租/独立居住，也能做到以下几点 1.自主管理自己的生活、家务与居家环境 2.扩大活动范围 3.丰富生活体验
需要学习的能力	具备更多的家事技能，更熟练的安全技能，更广阔的休闲范围，以及更高阶段的能力来应用复杂的辅具解决认知不足的生活能力

（二）学生特点与需要

培智学校高年段（七年级至九年级）学生处于15～18岁的年龄段，"和"教育下的"和善"是高年段学生课程设计的核心，注重培养学生的自我决策能力，通过对时间、空间、人力等方面进行合理计划与安排，解决生活重点问题，成为家庭中的主力。

（三）教育目标

通过三年的教育训练，能独立进行一日居家生活，帮忙完成大部分家务，可在有限支持下使用熟悉的社区资源，参与固定的社区活动，如公益劳动，能规划自己的一日生活和家庭活动，成为家里的好助手、社区里的好邻居，成为知善行善、乐于助人的好少年。

（四）成果指标（表3-10）

表3-10　成果指标

社区独立生活技能	烹饪（简单烹饪、一般烹饪、完成一餐的饭菜），家居维护（清洁、整理、布置）、家事技能 休闲资源使用、社会活动、安排活动、选购物品、家居礼仪、社交礼仪、疾病医疗、独立行动能力、旅行等
做计划	确认任务、确认工作内容、做计划（时、人、地、事、物、分工）、执行、评鉴

解决问题	发现问题、想办法（咨询、查资料、讨论）、确认方法（演练、实验、选择）、执行、评鉴
职业素养	工作人格（准时、礼貌、责任感、有始有终、接受批评等） 工作能力（基本能力、口语沟通、记住指示、书写、填表、反复动作、固定顺序、组织工作计划、基本计算、使用工具等） 工作体验

（五）课程设置

高年段的课程内容以"社区独立生活技能、做计划、解决问题、职业素养"为重点，按照学生能力发展的顺序、各阶段的发展顺序及重点，课程设置如表3-11所示。

表3-11　课程设置

类型	一般性课程（7科）							选择性课程			
科目	生活语文	生活数学	生活适应	劳动技能	唱游律动	绘画手工	运动保健	信息技术	校本烹饪	心理健康	职业技能
七年级	3	3	2	3	2	2	2	2	2	1	/
八年级	3	3	2	3	2	2	2	2	2	1	3
九年级	3	3	2	3	2	2	2	2	2	1	3

（六）生活适应课堂结构（表3-12）

表3-12　生活适应课堂结构

高年段	以知觉—动作为核心	活动环节		要点
环境创设与设计（创设生活化情境、与学生的个人经验相联系——一个情境）	知动	例行活动（新闻播报、常规）、摆桌椅	整体	一月一个或一学期一个，仪式化活动带入课程、输入感知觉、提升警醒度，年龄越小，时间越长

高年段	以知觉—动作为核心	活动环节		要点
环境创设与设计（创设生活化情境、与学生的个人经验相联系——一个情境）	知动（位置转换、多感官的输入）	导入情景：视频、小剧场、书、成果、问题、任务单、游戏	整体	使用视频、自制教材等方式带入情境
	知动	整体讲解	1步 整体	通过以旧带新的方式，教学要分步骤，学生更容易学习，更有兴趣，情绪更稳定
			2步	
			3步	
	知动	分组活动	分化	根据学生的能力异质分组，操作所学知识步骤，学生一起讨论所完成的练习活动
		个别活动	个别	个别a组：自主完成 分组b、c组：在辅助下作业
	知动	高潮活动：统整，调整动静的量，平衡 例行活动	统整	通过展示、表演、鼓励、分享、技艺比拼等方式进行，让学生一起讨论所学成果 总结奖励——自我检查、布置作业、建议、修正

第四章

全学段・全过程・全内容的课程体系

第一节 "三维六层"，让课程闪耀素养之光

为全面贯彻党的教育方针，落实立德树人根本任务，我校基于国家培智课程标准，遵循"人道为本，和谐发展"的办学思想，结合生态教育理念和快速城市化的背景，围绕层级递进的"和乐、和睦、和善、和谐"四和目标，从"生活适应、技能补偿、融入社会"三个层面，开发适合学生需求的"和知、和行、和健、和美、和己、和融"六维度的光谱式课程群，形成满足培智学生发展需求的课程结构，采取多层面、多元化的评量方式，全面发展学生核心素养，构建具有生活性、丰富性、选择性的全学段、全过程、全内容的课程体系，如图4-1所示。

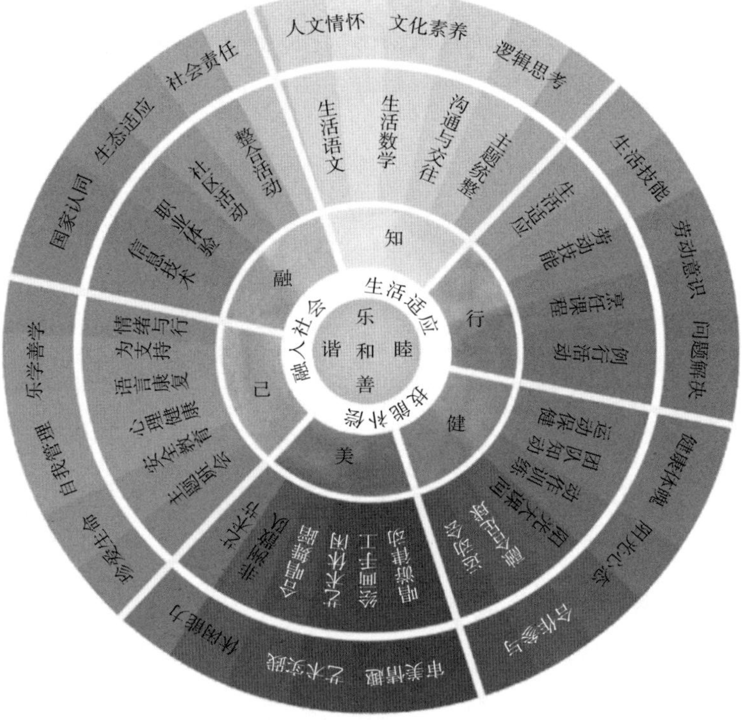

图4-1 全学段、一体化"和"课程体系图

一、"三层六维"的课程结构：生活性、丰富性、选择性

生活适应是培智教育的最终目标，是帮助学生了解基本的生活常识，掌握必备的适应性技能，养成良好的行为习惯，形成基本的生活适应能力及良好的品德修养，成为适应社会生活的公民。智力障碍学生生活适应，是指智力障碍学生对外界社会生活环境的适应，当日常生活环境发生变化时能够通过身心状态的调整，有效地使自身与新环境协调起来❶。2007年，教育部颁布了《培智学校义务教育课程设置实验方案》，明确了"着眼于学生的生活需要，以生活为核心组织课程内容"的教学要求，且需要学习的大部分课程都直接冠以"生活"头衔，如"生活语文""生活数学""生活适应"等，注重对学生生活自理能力和社会适应能力的培养与训练，充分体现了国家在培智学校课程设置方面"以生活适应为核心"的课程思想。知明学校的课程紧紧围绕学生日常生活需求，培养学生的生活技能和社会适应能力。生活适应教育包括个人生活、学校生活、家庭生活、社区生活、社会适应等。由于不同阶段学生生活需求的差异，学校对不同阶段的学生提出不同的教育重点，为其设计适宜的生活教育课程内容。

技能补偿是培智教育针对不同障碍程度与类型的特殊儿童进行教育补偿的一种常见形式。教育补偿指政府或非政府组织为维护弱势群体的各种受教育权所采取的教育补救制度和行为的统称。技能补偿作为教育补偿的组成部分，针对学生智力残疾的成因，以及运动技能障碍、精细动作能力缺陷、言语和语言障碍、注意力缺陷和情绪障碍等个别化发展需求和特点，注重教育与康复的结合，关注学生潜能开发和技能补偿（身心康复），减少其自身能力缺陷造成日常生活的障碍，满足不同学段、不同障碍类型和不同认知水平的学生个性化发展需要，促进学生健康发展，提高其生活品质。

---

❶ 穆雨萱，胡雅梅.关于培智学校生活适应课程实施的思考［C］//新课程研究杂志社.新课改教育理论探究：第10辑.湖北：新课程研究杂志社，2021：2.

融入社会是指为特殊儿童能够参与家庭、社区以及社会生活提供机会，保障残疾儿童的基本权利，促进对特殊儿童的社会包容，让他们享受与常人同样的生活，使特殊儿童在家庭、社区、社会中产生归属感。教育是特殊儿童与社会融合的重要一环，教育能够为特殊儿童的社会融合提供良好的基础，融合教育更有利于特殊儿童的社会融合。相比于普通学校学生而言，特殊儿童更需要接触社会、融入生活的机会，为今后的生活奠定基础。为此，学校设置生活主题教学活动课程、普特融合活动课程、社区适应课程等综合实践活动课程。生活主题教学活动课程培养特殊学生的社会适应能力，通过普特融合活动课程（融合艺术节、融合运动会）使学生在活动中丰富社会经验，同时让更多的社会各界人士了解特殊儿童，从而对特殊群体有更多的理解、包容和接纳。社区适应课程立足于学生当前及未来社区生活需求，帮助学生适应社区、融入社会，提升学生社区适应能力，为特殊儿童融入社会奠定基础。

学校对国家课程进行了校本化重构，采用基础性课程、支持性课程和综合实践活动相结合的课程结构。基础性课程注重促进学生基本知识、技能、情感等方面的发展，具体课程有生活语文、生活数学、生活与劳技、生命与健康、运动与保健、唱游与律动、绘画与手工、艺术休闲八门课程；支持性课程注重学生的能力补偿和提供支持服务，包括社交沟通、信息技术、康复训练等；综合实践活动注重利用和创设不同情境来开发学生的潜能，满足学生自身发展和社会适应需求，主要有社区课程、亲子活动、主题教育活动等课程。在此基础上，以不同学段教师的协作、主动探究学习氛围的营造和不同学段转衔壁垒的打破等手段，为一体化课程体系的实施提供保障平台。

根据我校"和"教育理念下的四和目标，以不同年龄段学生个别化教育的发展需要为依据，知明学校形成自己独具特色的课程设计（图4-2），旨在满足不同年龄段学生的教育需求。在以生活适应为核心的课程内容中，低年段（一年级到三年级）注重发展学生的基础能力（生活自理、沟通交往、感知觉、动作等）和培养学生的学习常规；中年段（四年级

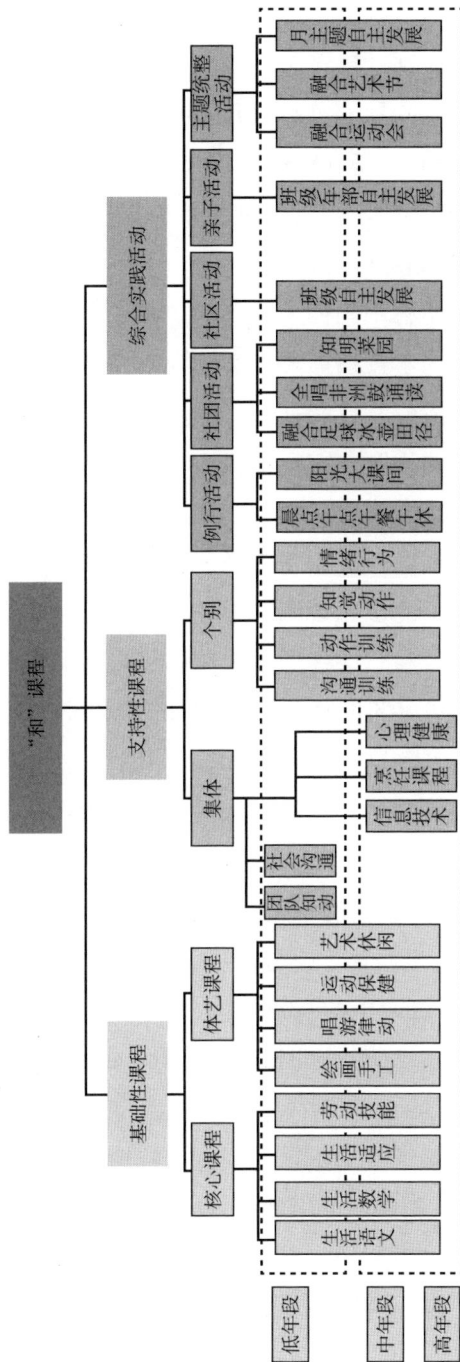

图4-2 知明学校课程结构图

到六年级）注重发展学生生活技能，让学生从发展性学习逐渐过渡到功能性学习；高年段（七年级到九年级）注重发展学生的社会适应能力和培养学生自我决策、自我规划能力。以主题活动为载体实现班级目标，发展相应的教学活动，采用分科教学、特色校本课程、例行活动和主题活动等多样化形式开展教学活动，采用多元化的评价方式，初步构建以"和"教育为核心的个别化教育计划运行模式。

知明学校"和"课程是在中国博大精深的"和"文化引领下，开展的特殊教育和谐育人课程。学校根据特殊学生身心发展的阶段性特点，结合教学目标，从"生活适应、技能补偿、融入社会"三个层面，基于"基础性课程""支持性课程""综合实践活动"的课程结构，开发适合学生需求的"和知、和行、和健、和美、和己、和融"六维度的光谱式课程群。六维度的光谱式课程群相互关联、相互渗透，关注学生各个领域的不同需求，发掘学生的多元智能，服务于学生的品质生活。每个学生都可以在六个维度的"和"课程群中定制属于自己的课程，在校家社的协同培育下，逐步递进、不断成长为"四和"学生，最终成长为和谐发展、适应社会的公民。

"和知"课程群服务于学生的认知、沟通与人文素养，主要包括生活语文、生活数学、沟通与交往、语言康复（小组和个别）。

"和行"课程群服务于学生的日常生活技能、行为习惯和规则法制，主要包括生活适应、劳动技能、烹饪课程、晨午点等例行活动。

"和健"课程群服务于学生的身体健康和知觉—动作协调发展，主要包括运动保健、团体知动、动作训练、知动训练、阳光大课间和足球、冰壶等社团活动。

"和美"课程群服务于学生的美育，用艺术疗愈生活，主要包括绘画手工、唱游律动、合唱、舞蹈、非洲鼓等社团活动。

"和己"课程群服务于学生的安全意识与技能、心理需求、自我情绪的调控、青春期教育、身心的协调发展，主要包括安全教育、艺术休闲、心理健康和情绪与行为训练。

"和融"课程群服务于学生的融合，走进社区，融入社会，紧跟时代要求，放眼未来生活，主要包括信息技术、社区活动和融合活动等。

六个维度的课程群组成的"和"课程并非并列或独立存在，而是彼此交叠、彼此关联，关注学生各个领域的不同需求，发掘学生的多元智能，服务于学生完整生活的光谱式课程。基于学生的需求与兴趣评估，每个学生都可以在课程光谱圈上定制属于自己的课程表。六个维度的课程群组成的"和"课程也是发展中的课程，每个课程群仍在学生需求、地域特色、课程改革等多因素的影响下不断拓展、丰富。

二、个性分段的课程目标：四步进阶

课程目标不仅制约着课程内容的选择，也是课程评价的重要依据，是校本课程开发的重要环节。课程目标是课程开发的方向或指导原则，也是预见的教育结果，还是学生经过教育方案的各种活动后达成的表现。

（一）课程目标

全面贯彻党的教育方针，体现社会文明进步要求，使智力障碍学生具有初步的爱国主义、集体主义精神和乐观向上的生活态度，初步的社会公德意识和法治观念，以及基本的文化科学知识和适应生活、社会以及自我服务的技能，从而养成健康的行为习惯和生活方式，成为适应社会发展的合格公民。

（二）具体目标

借鉴重庆向阳儿童发展中心李宝珍老师提出的特殊学生"四好"成长目标，即好照顾、好家人、好帮手、好公民，根据我校不同阶段学生的身心发展状况、环境状况、家长发展预期，创新出更符合我校学生发展需求的"四和"成长目标。"四和"成长目标满足了学生快乐成长、家邻和睦、知善行善、和谐发展的成长需求。学校通过校家社的协同培育，促进学生在自身能力的基础上逐步递进、不断成长为和乐（好照顾）—和睦（好家人）—和善（好帮手）—和谐（好公民）的"四和"学生（图4-3）。

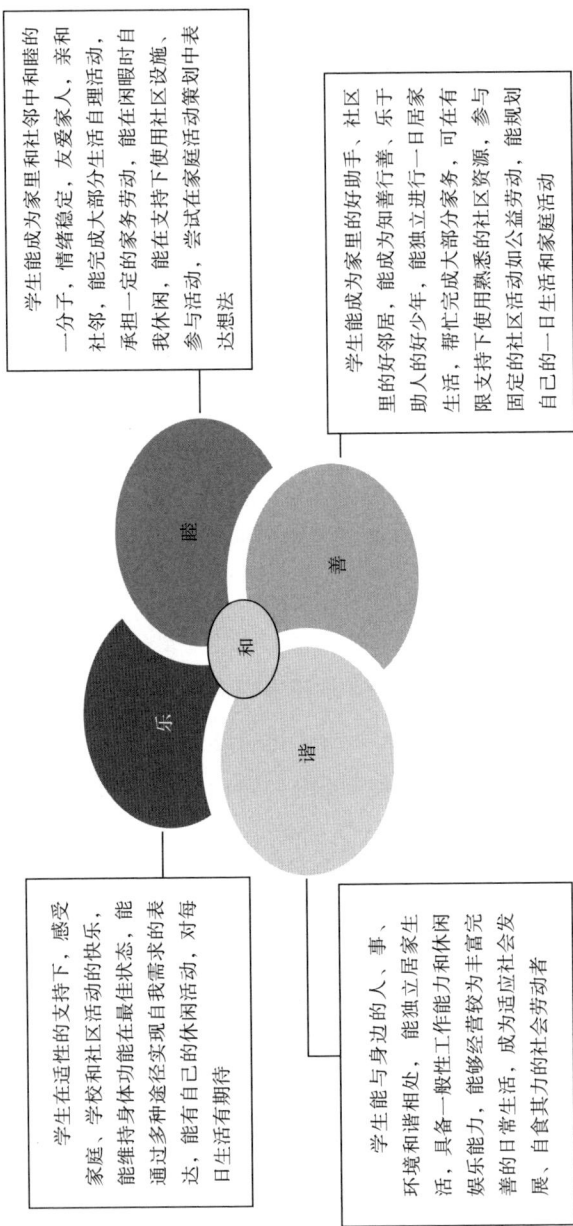

学生能成为家里和社区中和邻和睦的一分子，情绪稳定，友爱家人、亲和社邻，能完成大部分生活自理活动，承担一定的家务劳动，能在闲暇时自我休闲，能在支持下使用社区设施，参与活动、尝试在家庭活动策划中表达想法

学生能成为家里的好帮手、社区里的好邻居，能成为知善行善、乐于助人的好少年，能独立进行一日居家生活，帮忙完成大部分家务，可在有限支持下使用社区资源，参与固定的社区活动如公益劳动，能规划自己的一日生活和家庭活动

学生在适性的支持下，感受家庭、学校和社区活动的快乐，能维持身体功能在最佳状态，能通过多种途径实现自我需求的表达，能有自己的休闲活动，对每日生活有期待

学生能与身边的人、事、环境和谐相处，能独立居家生活，具备一般性工作能力和休闲娱乐能力，能够经营较为丰富完善的日常生活，成为社会适应性发展、自食其力的社会劳动者

睦　善　乐　谐　和

图4-3　学生"四和"四步进阶发展目标

三、多样化、综合化的课程内容：适应、发现与实践

课程内容是根据课程目标有目的地选择各种直接经验和间接经验的知识体系，是课程的核心要素。在校本课程开发的实践过程中，我们要遵循以下原则。

1.生活性原则

本课程内容来源于生活，用于生活。课程内容要选取学生现实生活所需、对未来发展有帮助的资源进行加工与改造。课程内容的安排要以学生个体为中心，将劳动技能学习的范围由学生自身逐步扩大到家庭、学校、社区和社会，使学生感受到课程内容的现实意义和应用价值，比如，"预防流感小妙招""我会乘坐直梯""我会清洗袜子""超市购物"等。

社区、家庭中有大量与校本课程相关的课程资源，我校应充分利用家庭、社区等资源，让学生体验生活、感受生活，积累丰富的生活经验，增强学生感性认识，为学习打下基础；也应充分挖掘本地区的自然风光、风俗民情等，丰富校本课程的教育教学资源，如每年的黄埔区中小学校嘉年华义卖活动、赏梅花活动等，每月的班级社区活动和亲子活动中的"地铁买票""超市购物""油麻山踏青活动""融合运动会"等，活动中都有校本课程的知识学习与应用。

2.系统性原则

本校课程遵循学生动作、认知的发展规律和学生个别化教育的需要，结合各学科的特性、课程内容，从低年级到高年级难度逐步提高，由易到难、由简到繁，构建校本课程的内容体系。例如，低年段、中年段和高年段三个学段共有的生活适应课程的人际交往内容，低年段学生主要学习认识教师、学校工作人员和班级同学，愿意和教师、同学交往，会使用礼貌用语等内容；中年段学生主要学习尊敬、信任教师，与教师建立良好关系，与同学平等相处、互相帮助和尊重工作人员的劳动等内容；高年段学生主要学习如何与同学分工合作和与人恰当交往等内

容。生活适应课程的人际交往内容中进行了层次区分，教学内容和目标也是螺旋式上升的。从低年段认识学校的常见人物并使用礼貌的交往礼仪与他们交往，到中年段的尊敬学校的常见人物并与他们建立良好关系，再到高年段的学习与同学分工合作和与人恰当交往，课程内容和难度逐渐丰富和上升，既划分阶段和重点，又是螺旋式上升的，具有较强的覆盖性和系统性。

3.多样性原则

本课程内容体现地方特色，结合学生的生活背景和能力水平，既面向全体又兼顾差异；内容体现与时俱进，如劳动技能课程中学生在习得劳动技能的基础上，注重现代科技在生活中的应用，拓宽学生视野，提升活动效能。课程内容分为基础性内容和拓展性内容两部分，基础性内容是学生必须掌握的生活内容，拓展性内容是为部分学生提升能力而提供的学习内容，有条件的地区或学校可根据学生实际能力水平选择实施。

4.综合性原则

综合性是指本课程具有多学科交叉融合的特性。本课程的各课程内容结合紧密，如劳动技能与生活语文、生活数学、绘画手工和康复训练等课程有一定联系。劳动技能的学习需要学生综合运用生活语文（倾听与说话等能力）、生活数学（常见的量、数与计算等能力）等相关学科知识和认知、运动（粗大和精细动作等）、沟通（语言理解能力和表达能力等）等多种能力，通过手脑并用的操作活动改善身心功能，实现知识的内化和技能的掌握。

学校在"和"文化引领下，基于国家培智课程标准，围绕学生核心素养发展，开发适合不同学生需要，具有生活性、丰富性、选择性的"和"课程体系，构建以"和乐、和睦、和善、和谐"为目标，由"基础性课程""支持性课程""综合实践活动"三个模块构成，以"和知、和行、和健、和美、和己、和融"为核心的光谱式课程群。

第二节　和知：人文情怀、文化素养与逻辑思考

一、"和知"课程群内容与目标

（一）生活语文课程的内容与目标

　　学校的生活语文课程内容包括倾听与说话、识字与写字、阅读、写话与习作和综合性学习五方面，旨在促进学生初步学会运用祖国的语言文字进行沟通交流，具有基本的适应生活的听、说、读、写能力，提高文化素养，初步形成正确的世界观、人生观和价值观。生活语文课程的教学活动设计详见表4-1。

表4-1　知明学校生活语文课程的教学活动设计表

课程名称	生活语文	核心目标	认读预防流感方法的图片或文字，并能制作"预防流感小妙招"宣传册	
教学日期	2023年4月10日	设计者	刘敏燕	
教学班级	三年级	协同者	陈炜炜、陈秀娟	
教学形态	个别（√）小组（√）团体（√）协同（√）		学生人数	10人
教学目标	情感态度：提升学生个人健康意识和个人卫生习惯 知识与技能： 　A组（昊荣、子轩、润豪、浩天） 1.指认预防流感的四个妙招的词汇 2.认读"开窗、洗手、休息、运动"词汇，并能用词汇制作"预防流感小妙招"宣传册 　B组（健东、润豪、嘉睿） 1.指认预防流感的四个妙招的词汇 2.认读"开窗、洗手、休息、运动"词汇至少2个，并能配对词汇以制作"预防流感小妙招"宣传册 　C组（韵、辉、瑜、耀轩） 1.指认预防流感的四个妙招的图片至少2张 2.看图片说出或使用沟通辅具表达图片的内容，并能配对图片以制作"预防流感小妙招"宣传册 过程方法：在情境演练过程中运用"开窗、洗手、休息、运动"词汇		板书设计	1.课题"预防流感小妙招" 2."开窗"图片和文字 3."洗手"图片和文字 4."休息"图片和文字 5."运动"图片和文字

学情分析	本班共10名学生，年龄在9~11岁，男生8人、女生2人。其中1名智力障碍学生，3名脑瘫学生，5名孤独症学生，1名多重障碍学生，学生以视觉学习通道为主 昊荣、子轩、润豪、浩天认知能力较好，能够用简单语句表达自己的需求，但浩天有构音障碍，他们的字词认读能力较好；昊荣、润豪能独立书写汉字，润豪主动性差，需要教师多次提醒；子轩能书写少量的简单汉字，浩天能描写少量的笔画简单的汉字 健东、嘉睿认知能力一般，能够用简单语句表达自己的需求，嘉睿的清晰度欠佳，健东认识20个以内汉字，能书写少量汉字，嘉睿认识10个以内汉字，能描写少量汉字 韵、辉、瑜、耀轩具有基本图片配对能力，能指认图片，注意力容易分散，需协同教师语言提示下才能完成任务。辉能用简单语句表达自己的需求，韵、瑜在语言提示下能用少量简单语句表达自己的需求，一般使用词汇表达需求；瑜缺乏主动沟通意愿；耀轩无语言，会发出一些简单的语音，需协同教师动作才能完成任务

教材分析	我是健康责任人 第一周 —— 认识普通感冒的症状 / 认识流感的症状 第二周 —— 学习预防流感小妙招并制作"预防流感小妙招"宣传册 / 制作"预防流感小妙招"宣传小视频 / 学习流感的治疗方法与注意事项 第三周 —— 了解四月体检项目和注意事项 / 学习填写体检表的基本信息 / 模拟体检过程 第四周 —— 快整活动：学生体验

教学重难点	1.认读"开窗、洗手、休息、运动"词汇 2.在情境演练中灵活运用"开窗、洗手、休息、运动"词汇

教学情境座位安排	（座位安排示意图）	教学资源：希沃白板、小黑板、麦克风、图卡、文字、作业单、大富翁道具
		辅具：啾啾沟通板、点读笔

注意事项	1.瑜会有情绪性行为，教师应留意学生情绪，当学生出现情绪时，助教第一时间处理，持续一分钟以上带离安静场所安抚 2.韵、瑜有离座行为，需要助教提示协助回位置坐好或安排她们帮忙分发教材教具 3.当有学生尿裤子时，可以找阿姨帮忙去厕所换裤子	预案：可能会遇到突然停电的情况，课前要充分准备好教材教具

教学活动					
活动安排	教师活动 （主助教）	学生活动	设计意图	个别需求及特殊应对策略	时间分配
整体	一、引起动机 　1.师生问好 　2.《春晓》诗歌律动操 　3.导入：播放广州甲流高峰期校医对学生的要求和求助视频，从而引出本课教学主题 　4.课程预告 （1）我会学 （2）我会玩 （3）我会做 （4）我会填 （5）课堂总结	1.问好 　2.跟随教师做律动操 　3.观看视频，回答问题 　4.提前预知课程内容 　5.理解"开窗、洗手、休息、运动"四个词汇的意思并认读	1.通过熟悉人物对学生的要求和求助视频，激发学生积极主动的学习动机 　2.预告课程内容，让学生对课程活动有一个清晰的认识，稳定学生的课堂情绪，也便于课程活动的顺利开展 　3.通过视听触多感官渠道学习"开窗、洗手、休息、运动"四个词汇	1.互动和提问中结合手势和图片的展示让B、C组学生理解课堂内容，参与到教学活动中 　2.为B、C组学生提供沟通辅具和少量的肢体辅助 　3.为A组学生提供少量语言提示	10分钟
分化	二、发展活动 　1.我会学 　教授学生理解并认读"开窗、洗手、休息、运动"四个词汇 　2.我会玩 　教授学生玩游戏 　3.我会做 　教授学生在情境演练中运用"开窗、洗手、休息、运动"词汇或图片 　4.我会填 　教授学生如何填写"预防流感小妙招"宣传册	1.玩游戏，并按游戏规则认读相关词汇 　2.在情境演练中学会运用"开窗、洗手、休息、运动"词汇或图片打败流感病毒 　3.A组学生书写或选择粘贴正确的词汇，以完成宣传册；B组学生配对粘贴正确的词汇，以完成宣传册；C组学生配对粘贴正确的图片，以完成宣传册	1.通过趣味性的游戏，提高学生学习的积极性，巩固所学内容 　2.情境演练和填写宣传册能加深学生对"开窗、洗手、休息、运动"四个词汇的理解和表达能力	1.为B、C组学生提供沟通辅具和少量的肢体辅助 　2.为A组学生提供少量语言提示	18分钟

教学活动					
活动安排	教师活动（主助教）	学生活动	设计意图	个别需求及特殊应对策略	时间分配
统整活动	课堂总结 1.回顾课堂内容 2.点评学生的表现并奖励代币 3.布置课后练习	1.看文字或图片认读"开窗、洗手、休息、运动"四个词汇 2.领取代币和这节课所学图文卡，回家熟练	帮助学生巩固所学的内容，并提升语言表达能力	1.为学生提供相应图文结合的新图卡，并给予视觉和语言提示 2.为C组学生提供沟通辅具和少量的肢体辅助	2分钟

短期目标	学生完成情况（姓名）									
	荣	轩	睿	天	东	豪	辉	耀	韵	瑜
1.能听懂常用的简单句子，并做出适当回应										
2.能指认生活中常见图片（开窗、洗手、休息、运动）										
3.能指认生活中常见汉字（开窗、洗手、休息、运动）										
4.能说出生活中常见图片（开窗、洗手、休息、运动）的名称										
5.能使用沟通辅具表达生活中常见图片（开窗、洗手、休息、运动）的名称										
6.能认读生活中常见汉字（开窗、洗手、休息、运动）										
7.能描写或书写生活中常用的汉字（开窗、洗手、休息、运动）										
备注	本节课涉及前庭、本体、触压觉等感觉刺激活动内容的注意事项									

（二）生活数学课程的内容与目标

学校的生活数学课程内容包括"常见的量""数与运算""图形与几何""统计""综合与实践"五部分内容。生活数学课程帮助学生体验数学的乐趣，掌握必备的数学基础知识和基本技能，培养学生初步的思维能力和解决生活中简单问题的能力，为学生适应生活、适应社会奠定重要基础。

（三）沟通与交往课程的内容与目标

沟通与交往课程内容包括"言语准备""前沟通技能""非语言沟通"和"口语沟通"四部分内容，本课程采取多元"和乐"的康复训练形式，在传统的沟通与交往课程的基础上增加了符合学校课程特色、学生生长环境和身心发展特点的集体课、例行活动和亲子互动。沟通与交往课程是低年段学生的特色校本课程，结合低年段"和乐"课程目标，依据学生的生态环境、身心特点和个人兴趣爱好制定符合其语言发展规律的课程规划，设置集体课、语言康复课、例行沟通活动、亲子互动的课程形式。该课程以生活适应为核心，以班级和例行活动为主体，以语言康复训练为补充，以亲子互动为延伸，结合各年龄段主题和班级目标，设计符合学生沟通与交往特点的教学活动。在教学活动中设计口腔律动，以改善学生的唇、舌、下颌等构音器官的活动度和灵活性；报名环节不仅巩固之前的学习内容（个人信息），还提高学生对同伴的关注、增加生生间的互动。设计寓教于乐的游戏环节，例如，对对碰、物品蹲（如水果蹲）、我划你猜、传声筒和开火车等互动性游戏，创设"乐学、乐玩"的沟通情境，提升课堂的趣味性，提高学生的课堂参与度，提升学生的主动沟通意图。沟通与交往课程中的例行沟通活动形式与内容和语言康复课程中语言发展迟缓学生的个训记录详见表4-2、表4-3。

表4-2　知明学校例行沟通活动形式与内容

时间	主要活动	活动目标	活动内容
8：10～8：20	下校车	能使用简单的问候语与教师、同伴打招呼	1.使用问候语进行打招呼，如"早上好" 2.根据对象（教师/同学）的变化使用问候语打招呼，如"××，早上好"
8：20～8：30	测体温（班级）	1.两人互动时能关注对方 2.能用常用简单词、句表达需求	利用例行活动中入校"晨间测温"，设立小助手负责测温，运用"××+早上好"句式进行互动沟通

时间	主要活动	活动目标	活动内容
8：30～9：00	晨点活动	1.能听懂常用的词语或词组 2.能听懂日常沟通中的简单句子 3.能使用句子/词语表达需求	1.日期与天气 关于"气温"一项需学生向老师询问，运用"×老师，今天多少度"。完成面板，采用一名学生带读，其余学生跟读的方式，朗读当日日期与天气 2.课程表 完成"课程表"面板，采用一名学生带读，其余学生跟读的方式，朗读当日课程表 3.汇报今日餐单 学生从学校一周菜单中找出并汇报当日餐单
9：00～9：30	大课间运动	1.能用动作或沟通辅具等表达需求 2.能用常用句子表达需求 3.能听懂日常沟通中的简单句子	学生根据大课间活动项目向教师表达想要完成的活动，运用句式"×老师，我想要玩×××"
9：40～10：00	值日安排	1.能用动作或沟通辅具等表达需求 2.能用常用句子表达需求 3.能听懂日常沟通中的简单句子	晨间劳动 1.一类学生自主选择自己想要做的和能够做的值日任务：学生运用"我想要做+×××"句式表达需求 2.一类学生在教师的辅助、引导下选择能够做的值日任务：学生运用沟通辅具（图片/啾啾沟通板/点读笔）表达需求
12：00～12：30	午间派餐	1.能用动作或沟通辅具等表达需求 2.能用常用句子表达需求 3.能正确发出简单语音 4.两人互动时能关注对方	1.生生派餐 根据值日任务分工，选择派餐任务的学生运用对话句式为同伴派餐，其余学生有序排队，使用简单句子或沟通辅具（图片/啾啾沟通板/点读笔）表达需求并拿取饭盒 2.师生派餐 根据值日任务分工，选择派餐任务的学生运用简单句式"×××，请吃饭"为教师派餐
全天	课间休闲活动	1.能用动作或沟通辅具等表达需求 2.能用常用句子表达需求	1.课间学生用代币运用句式："×老师，我想要（玩）×××"兑换休闲娱乐材料、强化物（玩具等） 2.运用句式/辅具（图片或沟通板）课间学生表达生理需求

时间	主要活动	活动目标	活动内容
15：15~ 15：30	兑换午点	1.能用动作或沟通辅具等表达需求 2.能用常用句子/词语表达需求	情境：教师准备2~3种午点等待学生有序排队，运用句式/辅具（图片或沟通板）用代币兑换午点
15：40~ 放学	放学上校车	能使用简单句/词语与教师、同伴道别	教师送学生上校车，教师发起对话"×××，再见"，学生能运用句式"×老师，再见"进行回应

表4-3 知明学校个训/小组训月计划记录表

个训/小组训月计划记录表							
学生姓名：*** 年级：一年级 训练时间：10月份 教师：刘老师 周课时：2节/周							
月目标	教学目标	活动计划	教学内容	第7周	第8周	第9周	第10周
提高名词理解能力	理解常见物品、动词的名称	1.看一看、动一动（观看"动物叫声"律动操，模仿律动操里的拟声词和精细动作） 2.听一听、指一指：听指令找出对应的零食图片	指认棉花糖	1	2	3	3
			指认牛奶糖	1	2	3	3
			指认山楂片	1	2	3	3
			指认紫菜	1	2	3	3
提高句子的理解能力	理解"我要吃××"句条	3.翻一翻、说一说：轮流翻开卡片并说出卡片的内容 4.情景模拟：模拟动物生日会，让学生扮演不同的动物，要求学生在看到想吃的零食时能主动使用"我要吃××"的句式表达需求	指认"我要吃棉花糖"句条	1	2	3	3
			指认"我要吃牛奶糖"句条	1	2	3	3
			指认"我要吃山楂片"句条	1	2	3	3
			指认"我要吃紫菜"句条	1	2	3	3
在看到想要吃的东西时，能主动使用简单句子表达需求	在看到想要吃的零食时，能主动使用"我要吃××（零食）"表达需求	5.奖励（学生根据自己的兴趣爱好主动表达"我要吃××零食"） 6.收拾整理：让学生听指令整理零食	主动表达"我要吃棉花糖"	1	2	2	3
			主动表达"我要吃牛奶糖"	1	2	3	3
			主动表达"我要吃山楂片"	1	2	2	3
			主动表达"我要吃紫菜"	1	2	3	3

二、"和知"课程成果——重点培养学生的人文情怀、文化素养和逻辑思考等能力

学校围绕"和知"课程，通过生活语文、生活数学、沟通与交往、主题活动等的开展，创设能够让学生积极大胆展现自我的环境，学以致用，以生为本，让学生主持校内活动及升旗仪式，担任学校对外接待活动的礼仪及服务员等，利用日常所学习的知识，参加省、市、区各项比赛，通过多种形式提升学生的认知、沟通与人文素养，为学生融入社会奠定基础。参加不同形式的活动，对学生是挑战也是机会，学生大胆地沟通与表达，通过不懈努力和坚持练习，取得优异的成绩。

"幸福小康我的家，弘扬黄埔好家风"故事演说比赛经区初赛后入围复赛，与区内学生一起讲自己的故事，让学生能有机会登上区内语言类比赛的舞台，增强自信心。我校钟同学、吴同学等4名学生与普校学生混评，成功被评为区优秀小宣讲员，这不仅是对学生的肯定，对红色故事的弘扬，更是对教学成果的检核，是教师不断努力和付出的动力。

第三节　和行：生活技能、劳动意识与问题解决

"和行"课程群服务于学生的日常生活技能、行为习惯和规则法制，主要包括生活适应、劳动技能、烹饪课程、晨午点等例行活动。

一、"和行"课程群内容与目标

（一）生活适应课程的内容与目标

学校的生活适应课程围绕个人、家庭、学校、社区、国家与世界等生活领域，设计了生活自理、从事简单家务劳动、自我保护和适应社会的能力四部分内容，以帮助学生了解基本的生活常识，掌握必备的适应性技能，养成良好的行为习惯和品德，具备基本的生活适应能力及良好的品德，成为适应社会生活的公民。

（二）劳动技能课程的内容与目标

学校的劳动技能课程包括"自我服务劳动技能""家务劳动技能""公益劳动技能"和"简单生产劳动技能"四部分。劳动技能课程能帮助学生获得积极的劳动体验，形成良好的劳动意识和劳动习惯，通过手脑并用的操作活动掌握生活必备的劳动技能，提高其社会适应能力。

（三）烹饪课程的内容与目标

学校的烹饪课程分为"香雪赏梅饮早茶、木棉花开喝靓汤、荔枝红时农家乐、三餐四季享生活"四部分，该课程以岭南美景和时令美食为切入点，通过"香雪赏梅饮早茶、木棉花开喝靓汤、荔枝红时农家乐、三餐四季享生活"四大主题项目探究，以"计划、品尝、烹制、展示"学做合一的项目式学习形式开展，旨在帮助学生了解地域特色与饮食文化，掌握简单的烹饪和饮食搭配技能，提高自己及家人的生活质量，形成以生活技能为核心的特色劳动教育课程体系。"我的三餐四季——培智学校高年段烹饪课程"规划安排详见表4-4。

表4-4 "我的三餐四季——培智学校高年段烹饪课程"规划安排

主题	研习俗	烹美味	享美味
香雪赏梅饮早茶	11月——得闲饮茶 品尝特色早茶茶点,深度体验早茶文化的意义与内涵	12月——早茶味道 学习烹制早茶点心,掌握饮食卫生与安全的技能	1月——喝茶赏梅 拍摄早茶文化系列纪录片,培养社区生活的技能
木棉花开喝靓汤	2月——木棉花开 深挖英雄红棉的寓意,引申爱国主题教育	3月——木棉味道 利用木棉花煲汤靓汤凉茶,了解其营养及药用功效	4月——木棉艺术长廊 开展木棉花主题的艺术创造,通过动手制作感受地域饮食特色
荔枝红时农家乐	5月——走进农家乐 打卡荔枝农庄,探究家常食材烹饪方式	6月——家常味道 学习灼、炒、煎的烹饪技能,掌握常见家常菜的烹饪方式	7月——享农家美食 荔枝红时邀请朋友走进农家日常,参与厨房劳动和社会生活
三餐四季享生活	8～9月——一日三餐 计划家庭一日三餐菜式,分享美味一日三餐,学习搭配食谱	10～11月——美味三餐 分工协同制作营养午餐,培养合作劳动技能	12月——新年美味大餐 通过新年大餐,感受劳动带来的幸福,畅享美好生活

(四)例行活动课程的内容与目标

例行活动是每天或者固定时间段需要进行重复的活动,特殊学生在校的例行活动有晨点课、大课间、午餐午休、午点等,例行活动的内容重复多次且情境自然,可以促使特殊学生进一步实现个别化教育计划的教学目标。

晨点课活动内容包括签到点名、认识日期与天气、预告今日课程、汇报今日餐单或分享学生的快乐事件。在签到点名活动中设置点名小老师,在认识日期与天气活动中设置带读小老师,在预告今日课程活动中需要制作自己的个别化课程表。汇报今日餐单或分享学生的快乐事件需要学生主动向同伴汇报当天午餐吃什么菜或跟同伴分享前几天某个有趣、愉悦的瞬间。

午餐午休活动内容包括排队领餐、就餐、餐后收拾餐盘和饭桌、洗漱、铺床被、午休和午休后整理被子几个内容。午餐时学生须有序排队,使用礼貌用语或辅助沟通系统表达需求后才能顺利领取餐盒;就餐时也要求学生遵守基本的就餐礼仪,如嘴里含着饭菜时不宜说话,不能随意夹取他人的饭菜等；餐后学生需正确处理厨余垃圾、分类摆放好餐具和擦拭饭桌等。通过午餐午休活动帮助学生提升社交沟通能力，提高生活自理能力，形成劳动意识，养成动手习惯，为从事其他各类劳动奠定基础。

午点活动包括兑换代币和表达沟通需求，当学生兑换代币后，需要向教师或同学表达午点需求才能得到午点，例行活动课程的具体教学内容详见表4-5。

表4-5　知明学校例行活动安排表

时间	活动内容	活动设置	活动目的
晨点课	签到点名	点名小老师	熟悉班级同学并进行生生人际交往，促进生生沟通表达
	认识日期与天气	带读小老师	认识日历、熟悉数字，感受每日天气的变化，学会自己选择穿着衣物
	预告今日课程	个人课程表	熟悉教师、认识课程，按顺序完成课程配对
大课间活动时间	课间操	常规的八段锦—健走活动—律动活动、跪走或四点爬训练、动作康复训练	发展学生体能，促进功能康复和补偿，培养参与运动的兴趣爱好，逐步养成体育锻炼的好习惯
	自由休闲活动	球类活动、自行车比赛、游戏等	发展学生体能和游戏技能，提升学生的主动沟通意愿和社交沟通能力
午餐午休	排队领餐	两名派饭小助手	提升学生的主动沟通意愿和社交沟通能力
	就餐	单人单桌就餐	提升学生的就餐礼仪和珍惜粮食的意识
	餐后收拾餐盘和饭桌	个人工作系统	增强学生垃圾分类的意识，在午餐情景下泛化其劳动技能的能力
	洗漱、铺床被、午休后整理被子	个人工作系统	提升学生的生活自理能力
午点时间	兑换代币	个人代币板兑换	巩固点数配对，理解物物交换
	师生沟通	表达需求	促进语言沟通的发展，主动使用图片、手势、表情、语音进行需求表达

二、"和行"课程成果——重点培养学生的生活技能、劳动意识与解决问题、逻辑思考等能力

学校围绕"和行"课程，通过生活适应、劳动技能、烹饪课程、晨午点等例行活动的开展，让学生能够掌握基本的日常生活技能、行为习惯及规则法制，成为家庭的好帮手，更好地适应社会和融合生活。为此，学校因地制宜设计出符合我校区域特色的食农特色课程，让学生能够从一颗种子、一棵苗开始种养，感受生命的力量，感受收获果实的快乐，并掌握基本的烹饪制作方法和用餐礼仪等。学校设置饭盘回收员、午点配餐员等工作岗位，让学生在日常生活中进行职业体验，养成互帮互助的良好习惯，在劳动中成长。"和行"课程将知识与生活紧密结合的同时，让学生掌握基本的日常生活技能，杨同学还因此被评为广州市"劳动小模范"，此外，我校还开展了公共清洁、汽车美容等课程，对学生进行就业转衔培训，钟同学等3位学生还因此成功就业。我校于2020年成功申报中小学劳动教学试点学校，并在多次劳动教育比赛中获奖。

第四节　和健：健康体魄、阳光心态和合作参与

"和健"课程群服务于学生的身体健康和知觉——动作协调发展，主要包括运动保健、团体知动、动作训练、知动训练、阳光大课间和融合足球、冰壶等社团活动。

一、"和健"课程群内容与目标

（一）运动保健课程的内容与目标

学校的运动保健课程包括"运动参与""运动技能""身体健康""心理健康"四部分，通过学生运动潜能开发与功能改善，激发学生的运动兴趣，引导学生掌握运动与保健基础知识、基本技能和方法，发展学生的体能，为终身体育学习和健康生活奠定良好的基础。

（二）动作康复训练课程的内容与目标

动作康复训练课程主要有一对一的动作个训课与一对多的团体运动课程，包括粗大动作训练、精细动作训练两部分内容。通过该课程可以提高学生的粗大动作和精细动作能力，以满足学生日常生活及学习活动中移动、运动、工具操作等方面的需求。

（三）阳光大课间课程的内容与目标

阳光大课间课程包括课间操、自由休闲活动两项，其中，课间操的内容包括常规的八段锦——健走活动——律动活动、跪走或四点爬训练和动作康复训练，课间操的内容要根据学生的粗大动作、认知水平和个体差异设计，以发展学生体能，开发潜能，促进功能康复和补偿，培养参与运动的兴趣爱好，逐步养成体育锻炼的好习惯，如在知觉——动作能力评量中，学生的动作能力达不到项目6［（指）前进跪走3步］的能力，我们一般会安排该类学生跪走或四点爬的训练内容。在自由休闲活动环节，学生可以根据个人兴趣爱好向教师表达想要选择的休闲活动项目，也可以主动邀请同学一起参与休闲活动，以提升学生的主动沟通意

愿和社交沟通能力。

（四）体育社团活动课程的内容与目标

我校的体育社团活动课程包括融合足球、冰壶两项内容，既能开发学生运动潜能，又能改善心肺功能，激发学生的运动兴趣，发展学生的体能，为终身体育学习和健康生活奠定良好的基础，使学生更好地融入社会。

二、"和健"课程成果——重点培养学生的健康体魄、阳光心态和合作参与能力

学校围绕"和健"课程，通过运动保健、团体知动、阳光大课间和融合足球、冰壶等社团活动的开展，学生的多样化需求得以满足，在活动中成长与融合。学校组建足球队、冰壶队，我校体育组的教师带领学生每天早上坚持进行训练，培养学生持之以恒的精神。学生在比赛中成长，学生在不同活动领域屡获佳绩，更是站在了各级各类比赛的舞台，从市级舞台走向国家舞台，还走出了国门，实现了特殊学生持续、优质的成长，展现自信风采、健康体魄、阳光心态、团结合作与参与的能力，学生勇敢追逐梦想，收获友谊和成绩。在"和健"课程的实施下，我校融合足球方面取得了丰硕的成果。

近年来，学校结合区域和学校特色设计大课间活动：哑铃操、阳光健走操、八段锦活动等。在满足国家对教育提出的体育锻炼要求、落实每天不少于1小时的体育锻炼的同时，满足教育、训练、康复及融合的特殊教育体育课程目标。我校设计的健走操及阳光健走活动，不仅达到了强身健体、增加身体平衡、减轻膝盖负担、调整走路姿势、动作康复的效果，而且适合各个年龄阶段及程度的学生参与，学生提高了身体素质，可以带领学生走出校门，走进油麻山，走进公园，感受登山的快乐，让师生情、亲子情更加紧密，感受大自然的魅力。

第五节 和美：审美情趣、艺术疗愈与休闲能力

"和美"课程群服务于学生的美育，用艺术疗愈生活，主要包括绘画手工、唱游律动、合唱、舞蹈、非洲鼓等社团活动。

一、"和美"课程群内容与目标

（一）唱游律动课程的内容与目标

学校的唱游律动课程包括"感受与欣赏""演唱""音乐游戏""律动"四部分，通过调动学生多感官学习来了解和体会音乐作品的情绪情感，让学生掌握基本的音乐知识与技能，提高学生动作的灵活性、协调性，集中注意力，激励、唤醒学生的情感共鸣和美感体验，促进学生身心和谐发展。

（二）绘画手工课程的内容与目标

学校的绘画手工课程包括"造型·表现""设计·应用""欣赏·评述"和"综合·探索"四部分内容。本课程通过运用各种工具和素材，采取造型、色彩、构图等艺术手段完成作品的制作，旨在促进学生的手眼协调能力，培养他们的视觉、观察、绘画与手工制作能力，发展审美情趣，提高审美能力。

（三）艺术社团课程的内容与目标

学校的艺术社团课程是结合学校特色和学生个人兴趣而设计的，主要包括手工组、唱跳组、游戏组和绘本故事组等多个兴趣小组，以开发学生多元化的兴趣爱好和休闲方式。例如，手工组培养学生的创造思维和动手能力；融合足球不仅可以锻炼身体，还可以结交朋友；唱跳组的同学可以尽情享受舞台带来的快乐。

二、"和美"课程群成果——重点培养学生的审美情趣、艺术疗愈与休闲能力

学校围绕"和美"课程，通过绘画手工、唱游律动、艺术休闲，以及合唱、舞蹈、非洲鼓等社团活动的开展，让学生感受美、欣赏美、享受美，通过艺术实现自我疗愈及自我休闲。学校针对不同学生的能力基础和兴趣爱好及特长，挖掘学生的潜能，拓展学生休闲娱乐的方式，学校组建知明合唱团、知明舞蹈队、知明绘画手工坊、知明非洲鼓社团、器乐兴趣组，使学生能够自我娱乐、自我休闲、情绪稳定，让学生在自己的领域各放异彩，硕果累累。

知明艺术社团多次参加各级各类比赛，不但在特殊儿童竞赛中荣获佳绩，更在与普校学生一同竞争中表现出色，得到社会各界的一致好评，而且登上了广州电视台演出并被报道。知明舞蹈队更是跳到了国家的舞台，代表我省参加全国残疾人排舞比赛，并获得一等奖的好成绩。学生的绘画作品在各类比赛中脱颖而出，许多获奖作品被诸多企业家、爱心人士收藏。学生的器乐表演，如非洲鼓、钢琴独奏等在学校的各类活动中展现出了独特的魅力，收获了一大批粉丝。知明绘画手工坊在区内每年的社区嘉年华活动中，可谓是最火爆的摊位，也是被大家记得和关注的摊位，让社会各界对特殊儿童有了新的认识，特别是对孤独症及中、重度智力障碍儿童有了新的认识，他们并不是无法沟通，他们也有自己擅长的领域，甚至比普通儿童还出色，凭自己的能力取得让社会认可的成绩。

第六节　和己：珍爱生命、情绪调控与乐善乐学

"和己"课程群服务于学生的安全意识与技能、心理需求、自我情绪的调控、青春期教育、身心的协调发展，主要包括安全教育、艺术休闲、心理健康和情绪与行为的训练。

一、"和己"课程群内容与目标

（一）安全教育课程的内容与目标

学校的安全教育课程包括居家安全、校园安全、社区安全三部分，着力培养学生的安全行为习惯和良好的安全意识，提高学生面临突发安全事件自救自护的能力，树立珍爱生命的意识。

（二）艺术休闲课程的内容与目标

学校的艺术休闲课程包括"休闲认知""休闲选择""休闲技能"和"休闲伦理"四部分，学校通过文艺、体育、游戏、旅游等多种休闲方式，培养培智学校学生（以下简称学生）的休闲能力，陶冶生活情趣，提高学生的生活品质和生活品位。

（三）心理健康课程的内容与目标

学校的心理健康课程是根据学生生理、心理发展特点，运用有关心理教育方法和手段，培养学生良好的心理素质，促进学生身心全面和谐发展和素质全面提高的教育活动，是素质教育的重要组成部分。

（四）情绪与行为训练课程的内容与目标

学校的情绪与行为训练课程包括情绪识别、情绪表达、情绪理解、情绪调节、行为管理五部分，以提升正确理解和适当表达情绪的能力，以满足学生日常生活及学习活动中人际交往的基本需求；制订并实施积极行为支持方案，使学生能做出适当的行为，减少或消除不适当的行为。

二、"和己"课程成果——重点培养学生珍爱生命、自我管理和乐善乐学的品质

学校围绕"和己"课程，通过主题班会、国旗仪式、安全教育、安全演练、心理健康、语言康复和情绪与行为支持的开展，增强学生的安全意识与技能，服务于学生的心理需求、自我情绪的调控、青春期教育，以及身心的协调发展。

培养全面发展的社会主义建设者和接班人，以德为先，学校积极开展各类德育，围绕文明礼仪、安全卫生、遵守纪律、节约环保、自我防护等方面开展课程。第一，学校通过少先队队员的入队仪式，对学生进行思想品德的熏陶和影响，每年定期发展少先队队员。第二，通过升旗仪式，树立榜样，表彰先进优秀班级及个人，利用国旗下的主题讲话对学生开展思想道德教育。第三，学校安全教育规范严谨，开展每月一次的安全消防演练，培养学生安全逃生的意识，掌握逃生技巧，避免发生安全事故。第四，设专职心理教师，针对不同阶段开设心理课程，进行校园心理剧创编，让学生直面问题，解决问题。第五，多种方式开展安全教育，在活动中学，在比赛中学，参加广州市应急管理优秀作品展演，参加市禁毒街舞比赛荣获一等奖并被电视台报道，还有冯同学等3名学生被评为区级优秀学生。

第七节　和融：国家认同、生态适应与社会融入

　　"和融"课程群服务于学生的融合，鼓励学生走进社区，融入社会，紧跟时代步伐，放眼未来生活，主要包括信息技术、社区活动和融合活动等。

一、"和融"课程群内容与目标

（一）信息技术课程的内容与目标

　　学校的信息技术课程包括"身边的信息技术""计算机的应用"和"计算机网络的应用"三部分内容。通过该课程的学习可以使学生认识常见的信息技术产品，了解计算机硬件及软件的相关基础知识，初步掌握常用通信工具基本功能和基本操作与简单应用，能运用网络获取信息、与他人进行交流。

（二）社区活动课程的内容与目标

　　学校的社区活动课程包括认识社区、利用社区、参与社区与社区安全四部分，它是我们生活的一部分，能带领学生走进社区，可以让学生了解社区的功能，学习安全使用和爱护社区公共设施，也可以提高学生社区适应和社会交往等综合实践能力，为学生融入社会生活做好充分准备。

（三）融合活动课程的内容与目标

　　学校的融合活动课程包括融合运动会和融合足球两部分，以开展阳光体育活动为主体，以普特学生交流融合为载体，丰富学生的校园文化生活，增强学生的身体素质，提升学生的社交沟通能力与团队合作能力，为学生终身体育打下坚实基础。

二、"和融"课程成果——重点培养学生的国家认同、生态适应和社会责任

　　学校围绕"和融"课程，让学生的融合走进社区，融入社会，紧跟时代步伐，放眼未来生活，主要包括信息技术、社区活动和融合活动等。

学校每年开展普特融合运动会及融合艺术节，为学生打开一扇窗，让学生在活动中一起成长与融合，让更多普校的学生认识和了解特殊学生，接纳他们，每次活动都深深地触动很多学生和家长，是无形的融合宣导，也给特殊学生对外交往创造环境，让学生在活动中获得成长与友情，融合活动的开展得到社会各界的一致好评，也成为我校每年的例行活动。

多渠道、多方式的融合，带领学生走出去，走进社区、走进企业，进行职业体验，邀请普校学生及企业爱心人士等走进学校，开展融合烹饪活动、手工活动、音乐游戏活动等，提升学生的沟通与交往等能力，为学生提供融合的平台。

每年3月依托少先队，与普校开展"学雷锋、树新风、携手同行共成长"活动，进一步培育和践行社会主义核心价值观，弘扬新时代雷锋精神，使雷锋精神在学生心中生根发芽，做心中有信仰、眼里有光芒、脚下有力量的追"锋"少年。

根据国家《"十四五"特殊教育发展提升行动计划》等，为推动黄埔区特殊教育质量提升和融合教育实践探索研究，整合特殊教育资源，我校2022年作为区特殊教育资源中心，组建学校融合教育队伍，初步形成了六大板块（图4-4）、七大组的工作模式（执行组、教研组、巡回

图4-4　主要的职能（六大板块）

组、评估组、跟岗组、备案组、档案管理组），统筹协调片区内特教教育资源，构建区域特殊教育融合平台，成为区资源教师的集训地，让普校的特教工作有方向、有依靠、有指引；组织开展对特殊需要儿童的教育评估工作，分阶段、分批次进行，为建设我区公平而有质量的特殊教育事业奠定基础，为片区内全面开展融合教育提供有力保障，并得到普校和家长的认可与好评。

附：2021年黄埔区知明学校普特融合体育节活动方案

一、指导思想

为贯彻落实国家《学校体育工作条例》，落实我校办学方针，树立"健康第一"的指导思想，我校特举办此次以"和你一起、快乐运动"为主题的普特融合体育节。此次体育节以开展阳光体育活动为主体，以普特学生交流融合为载体，以森林动物活动主要设计元素，旨在增强学生健身意识，提升学生体质，丰富校园文化生活。同时，培养我校师生团队拼搏精神，打造我校体育特色，为学生终身体育打下坚实的基础。

二、主办单位

广州市黄埔区知明学校。

三、参与单位（排名不分先后）

九龙第二小学、九龙中心幼儿园、香雪小学、镇龙中学、知明学校家委会。

四、时间、地点

1.时间：2021年11月25~26日。

2.地点：广州市黄埔区知明学校。

五、参加对象：307人（表4-6）

表4-6 体育节活动参加对象

学校	学生人数	教师人数	总人数
知明学校	117	54	171
九龙第二小学	30	5	35
九龙中心幼儿园	40		40
香雪小学	15		15
镇龙中学	10		10
知明学校家委会	36		36
总人数	307		

注 根据实际情况人数有微调整。

六、活动流程

1.前期准备工作

2.运动会安排（表4-7，表4-8）

表4-7 运动会安排1

时间	工作内容
第一周（11月1~5日）	初期工作大会运动项目、物资采购单（开幕式表演道具、应援物资、展架、体育器材、奖牌、奖状、奖品）、志愿者服务、确定各班的十二生肖属相
第二周（11月8~12日）	物资采购、开幕式节目、班级介绍词、确定融合学校、秩序册初稿
第三周（11月15~19日）	项目练习（大课间）、秩序册定稿、体育器材与班级物资到位
第四周（11月22~26日）	周二（开幕式彩排）、周三（项目彩排）、周三（下午场地布置包括背景墙、主席台、彩旗、音响设备） 11月25~26日举行运动会
第五周（11月29~30日）	运动会总结与回顾

表4–8　运动会安排2

时间	事件	流程	相关物资	负责人
11月24日 8：30～ 9：00	开幕式前准备	1.场地布置 2.设备调控 3.物资清点 4.各班集合 5.领导主席台就座	1.矿泉水 2.国旗、校旗 3.各班表演道具 4.场地布置：气球、打气筒 5.运动会展架	何炽辉、卢山山
11月24日 9：00～ 10：00	开幕式	入场顺序 1.国旗队（玉岩实验学校）、校旗队方阵 2.以十二生肖排序出场的开幕式表演 鼠（一（1）班、一（2）班）、牛（九二班）、虎（九一班）、兔（九三班）、龙（艺能组）、蛇（七年级）、马（六年级）、羊（五年级）、猴（八年级）、鸡（三年级）、狗（二年级）、猪（四年级）、猪猪侠（实习生） 3.邀请运动员方阵：九龙第二小学、九龙中心幼儿园 4.各类组织机构：家委会、志愿者、教职工	1.播放表演音乐 2.各班跟十二生肖主题相关的表演道具（头饰、脸贴、运动手环等）、应援物资［运动会助威道具、手拍、应援棒（加油棒）、应援牌等］	何炽辉、韩灯峰
11月24日 10：00～ 11：30	中低年部运动会	1.低年部组参加项目 （1）个人项目：小兔搬家、小鸭骑车 （2）双人项目：小熊爬行接力赛、二鹅三足 （3）融合项目：动物争拔赛、动物障碍跑接力 2.中年部组参加项目 （1）个人项目：拯救小动物、龙争虎斗 （2）团体项目：小螃蟹运球 （3）融合项目：动物总动员、小动物接力赛	运动项目的相关用具	谭广靖、刘文峰
11月24日 14：30～ 12：00	颁奖典礼	1.颁发中年部奖牌、奖状 2.发放奖品 3.班级大合照	1.学生奖牌、奖状 2.礼品	何炽辉、胡亚茹
11月25日 9：00～ 11：00	高年部运动会	高年部组参加项目 （1）个人项目：龙行天下 （2）团体项目：龙争虎斗 （3）融合项目：龙腾虎跃	运动项目的相关用具	何炽辉、韩灯峰

时间	事件	流程	相关物资	负责人
11月25日 11：00~ 11：30	颁奖典礼和闭幕式	1.颁发中年部奖牌、奖状 2.发放奖品 3.班级大合照 4.宣布闭幕式 5.参与人员：全校师生、融合伙伴及家长	1.奖牌、奖状 2.礼品 3.班级道德风尚奖	何炽辉

七、比赛的组别与项目规则

（一）竞赛组别

1. 低年部组：一年级、二年级、三年级、中心幼儿园（2021年11月25日）

2. 中年部组：四年级、五年级、六年级、九龙第二小学、香雪小学（2021年11月25日）

3. 高年部组：七年级、八年级、九（1）班、九（2）班、九（3）班、镇龙中学（2021年11月26日）

（二）比赛项目（表4-9）

1. 低年部组参加项目

（1）个人项目：小兔搬家、小鸭骑车

（2）双人项目：小熊爬行接力赛、二鹅三足

表4-9　比赛项目1

项目	规则	负责人	相关物资	备注
小兔搬家	把沙包洒落在指定的区域，把篮子放在指定的位置，参赛者从区域内捡沙包放到篮子里（每次只能捡一个）。根据参赛者捡到沙包的个数进行排名，捡到沙包个数多者胜出	谭广靖、张志鹏	印章10个、喇叭4个	用于给完成比赛任务的学生盖章奖励，集章兑换奖品
小鸭骑车	参赛者骑平衡车从起点骑向终点后完成比赛（赛道为50米的直线），最后以完成时间进行排名		彩色胶带3条、喇叭4个	用于场地拉警戒线，给学生视觉提示，维持比赛秩序

项目	规则	负责人	相关物资	备注
小熊爬行接力赛	参赛二人，A在起点，B在对面终点。在起点的A沿着赛道爬行把接力棒交给终点的B，B拿到接力棒后从终点高跪走回到起点后完成比赛。最后以完成时间进行排名	谭广靖、张志鹏	彩虹隧道1个、喇叭4个	用作接力比赛的赛道
二鹅三足	两个同学一组，用绑带把两位同学的其中一只脚绑在一起，然后一起向前走到终点，最快到达的为赢		绑绳4条、喇叭1个	
动物争拔赛（拔河）	双方加入融合伙伴共10人，分别站在两边，先把绳子上的标志绳拉过指定线为赢		拔河绳1条、印章9个	印章用于奖励获胜者盖章

（3）融合项目：动物争拔赛、动物障碍接力跑

2. 中年部组参加项目（表4-10）

（1）个人项目：拯救小动物、龙争虎斗

（2）团体项目：小螃蟹运球

（3）融合项目：动物总动员、小动物接力赛

表4-10　比赛项目2

项目	规则	负责人	相关物资	备注
龙争虎斗	以个人为单位，参赛人数2人。每个班的参赛选手需要蒙眼，手拿棍子（软棍子或者软锤子），选手在警戒范围内原地转5圈，在范围内首先打到对手的就赢（场外学生和教师可以提示方向）	刘文锋、欧阳洪	胶带2卷、喇叭4个	用于场地拉警戒线，给学生视觉提示，维持比赛秩序
拯救小动物	以个人为单位，站在规定的警戒线前，双脚首先踩一块海绵板（练习可以用学校的指压板，比赛时候可能会用较小块的），另一块拿在手上，教师说开始的时候把手上的板放身前面，用一只脚向前踩，再用手拿后面的板，依次向前放板前进。直到拯救到呼啦圈里面的小动物（练习可以拿任何物体）		海绵板6个呼啦圈2个小动物公仔6个	

项目	规则	负责人	相关物资	备注
小螃蟹运球	以班级为单位，两个班进行比赛，参赛人数2人。每个班的参赛选手背对背抱着，中间放球（排球或者气球），谁先到终点谁赢	刘文锋、欧阳洪	气球或排球5个	
动物总动员	两/三个班级分别选出3人参加比赛（包含1~2名融合伙伴），参赛人员站在警戒线内，穿上游戏服装，每件服装表面黏着3个球，听到裁判吹哨开始游戏，去抢夺别的班级服装上的球，拿到球后放在自己衣服上，或者手上，也可以扔出界外，自己班级教师看到就捡起来，最后哪个班的球多哪个班赢		魔术贴服装、粘粘球	
小动物接力赛	两/三个班级5~7人参加比赛（包含1~2名融合伙伴），参赛人员站在警戒线前排队，听到裁判的哨声开始比赛，班级的一名学生先跑，跨越障碍和完成小游戏，到终点后马上跑回自己班级和第二名学生击掌，第二名学生就出发，依次进行，哪个班最快完成就胜利，选出第1、2、3名		1.架子9个（跳）2.体操垫（学校绿色的垫子，跪走）6个 3.滚铁环3个 4.投掷道具3套（拿小球或者海绵球投掷进道具里面）	

3.高年部组参加项目（表4-11）

（1）个人项目：龙行天下

表4-11　比赛项目3

项目	规则	负责人	相关物资	备注
龙行天下	由起点开始，经过手脚并用10米，接着推风火轮到终点，在终点处把球绑在腰间抖动，直到把球全部抖出来为胜利	韩灯峰、蔡杰华	手脚并用爬行垫1个	用作比赛赛道
龙腾虎跃	以班级小组为单位，龙行固定距离，停下接力传球，第一位组员将球投进靶网		沙包投掷器1个，A4彩色磁片2片，中性笔6个	用作比赛道具和融合伙伴的奖励
龙争虎斗	多向拔河：每组派出3名同学，同组队员全部将雪糕桶击倒，用时最少的组为胜利		多向拔河绳	

（2）团体项目：龙争虎斗

（3）融合项目：龙腾虎跃

八、报名方式

1.以上学校学生，凡身体健康，均可代表班级参加。团体项目各班报名人数不限，个人项目每个学生最多报2项。

2.报名方式：请各班主任积极组织学生报名，于11月19日（周五）16：30前将报名电子表格与班级介绍一并发到高学思老师处。

九、奖励方式

本次体育节以开幕式出场班级风貌比赛为主，按主席台评委打分多少排名次进行奖励。运动项目单项中按名次先后排序，学生参与活动集章使用兑换券换取奖品，另增设精神文明奖、道德风尚奖（礼品兑换区于风雨走廊）。

十、精神文明奖评比细则

1.遵守运动会纪律、尊重裁判、服从裁决

2.积极参加所报项目，没有特殊情况不能弃权

3.团结友爱，互相帮助，具有高度的集体主义精神

4.胜不骄，败不馁，意志顽强，敢于拼搏

5.具有良好的道德品质，好人好事突出

6.注意安全，不出安全事故

7.开幕式上队伍整齐，班级展示富有特色

8.文明观赛，不乱走动，不跟跑，自觉维护赛场秩序

十一、相关经费

1. 开幕式表演类

2. 运动会项目用品

3. 运动会奖品

4. 后勤保障物资费（矿泉水）

广州市黄埔区知明学校

2021年11月9日

第五章

共研·共商·共施的实施
路径

第一节　打破边界，让课程闪耀爱生之智

　　课程实施是学校课程实践的关键，课程设计需要理念的架构，更需要真正落实，只有课程有效实施，才能保证学生和谐发展这一关键目标的实现。为此，我校秉承"全程·全境·全人"的课程理念，依据全学段、全过程、全内容的课程总体结构，着眼于学生的成长需要，通过生本、生活、生长的实施原则，形成了共研、共商、共施的实施路径，有效推进了学校课程改革的进行，保障了学生和谐发展、和乐成长。

　　在"十四五"特殊教育高质量发展的背景下，学校将立足于本校实际，基于持续·适切·优质的课程理念，整合各种特殊教育资源，构建符合学生认知规律和教育规律、具有学校特点的全学段、全过程、全内容的课程方案。因为不同年段、不同障碍程度学生的培养目标存在差异，所以需要学校联合家长、教师、行政、专业团队等多方力量，以跨专业团队整合的方式共同研制学生的个别教育计划，确保培智教育课程的有效实施，促进"和"课程高质量实施和核心素养目标落实，保障特殊儿童成长的全面性和连续性。

　　一是建立一体化的课程体系。学校加大对构建一体化课程体系的领导力度，组建强有力的领导小组，校长为课程组组长，课程组负责人、年级部部长、教研组组长、骨干教师为组员。课程处和教研组是学校的课程管理和研究机构；综合服务处是学校的课程服务保障机构；各项课程的实施由年部和教研组（课程项目组）双重管理。在课程组的统一领导下，共同制定科学的一体化课程管理流程，责任明确，协调配合，规范并有序推进各项一体化课程的实施工作。

　　二是完善一体化的课程方案。我校坚持国家培智学校义务教育课程标准，遵循九年一贯制一体化办学特色，倡导"学生为本·生活适应·和谐发展"的学校课程建设价值观，整合各种教育资源，对基础性课程、支持性课程、综合实践活动三类课程进行统筹安排、系统

规划和有效实施，构建符合学生认知规律和教育规律，具有学校特点的全学段、一体化课程方案，对教材的体系、内容、能力要求进行及时、合理调整、取舍和衔接，通过课程的一体化建设确保各学段课程教学的连续性和有机衔接，保证课程学习和学生成长的连续性。

　　三是共研、共商、共施的课程实施路径（图5-1）。学校依据全学段、全过程、全内容的课程总体结构，着眼于学生的成长需要，通过设计和实施"和"教育课程形成一个螺旋式上升的实践过程。学校明确规定各年段必须严格执行个别化教育的流程，以确保个别化教育计划的全面实施和落实，并根据学生的身心发展需求形成具有年部特色的个别化教育资料系统，实现课程目标和学生需求整合，让学生得到充分的发展，促进学生的成长。

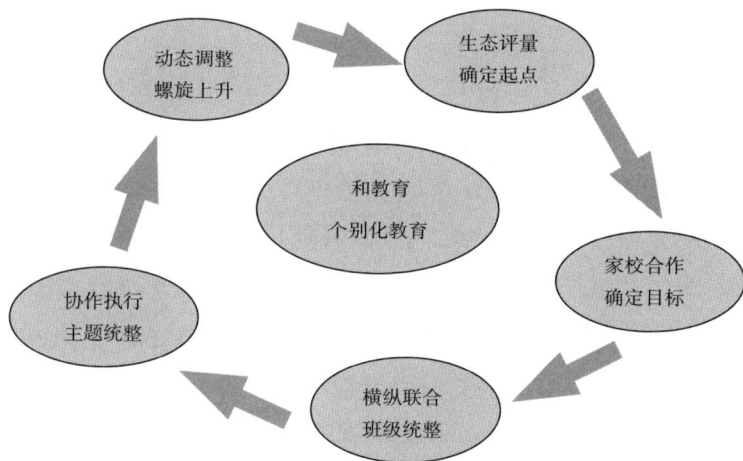

图5-1　培智学校课程实施路径

第二节 生态评估，确定起点

教育评估帮助学生和教师找到教育起点，生态评估为学生的个别化教育提供依据。生态评估是对学生在家庭、学校及社区等环境中所表现出的各种能力进行综合分析，以利于教育目标及内容设计的过程。广州市黄埔区知明学校的新生入学前都要以面谈的形式进行生态环境调查，以了解学生的基本信息，包括生长史、发育史、鉴定情况、强化物、家庭教养情况、家长期望等，以及初步了解学生的能力现状，包括认知、沟通、动作、自理能力等，为新班教师提供学生的基础信息。班主任及班级教师每学期都会进行家访，以"知明学校家访情况记录表"为提纲，采用观察与访谈相结合的方法，深入了解学生所处的外部生态环境，包括日常作息、居住环境、社区设施、家庭经济情况、家庭构成、人际关系、教养方式、适应社区情况、学生居家表现等，以便了解学生的优势与弱势、学习前的预备能力和技能、具体的特殊教育需要。

在学生进入学校后，各领域教研组的专业团队会对学生进行感知觉、认知、语言、粗大动作、精细动作、社会情绪、生活自理七大领域的评估，评估中使用的工具有"双溪心智障碍儿童个别化教育课程""身心障碍学生特殊教育语言治疗评估表""全人（个体化）疗育评估记录表（三）""双溪学习态度观察评量表"。（表5-1）使用具体评量工具，以了解学生的障碍类别程度及成因、分析学习的优弱势领域、教育评量、教学策略与相关服务建议等信息，形成一份综合研判分析报告书，其目的在于了解学生的学习特质，便于教师采取有利于学生学习的方法进行教学，并作为制订学生个别化教育计划的依据。

表5-1 评量工具使用表

领域	工具
感知觉	双溪心智障碍儿童个别化教育课程

领域	工具
认知	双溪心智障碍儿童个别化教育课程
语言	身心障碍学生特殊教育语言治疗评估表（92听语学会编）
粗大动作	全人（个体化）疗育评估记录表（三）、双溪心智障碍儿童个别化教育课程
精细动作	双溪心智障碍儿童个别化教育课程
社会情绪	双溪学习态度观察评量表
生活自理	生活自理自评表（家长填写）、观察表、家访表

我校秉承"人道合一，知止明德"的办学思想，以"和"教育为宗旨，全面贯彻党的教育方针，遵循人道规律对人进行全面教育，依据学生的身心发展特性和需要，组建专业团队，增加评估工具对学生进行相关领域能力的评估，如低年段增加"知觉—动作能力评量表（特教版）"项目的评估（表5-2），中、高年段使用"智障儿童适应性功能教育课程"评估，以及学校自主开发的校本课程评估，全面掌握学生的学习特质，为后期有针对性地制订个别化教育计划奠定基础。

表5-2　知觉—动作评量表

项目	评量情况
即达能力项	8（指）交替半跪3下
短期目标项（无语言）	10（指）交替半跪及复诵发音数数1～10下，具体训练： 1.模仿交替半跪数数（发音、口型） 2.手持物跪走向前、向后数数（发音、口型） 3.扶物蹲走向前、向后数数（发音、口型） 4.交替半跪抬手、抬脚数数（发音、口型） 5.一一对应
长期目标项	11（指）交替半跪及自主数数1～10下
教学目标	10项：语言记忆、视听动统整 11项：数序记忆、听动统整

项目	评量情况
训练重点	10项： 1.动作成熟至可自动化，一心二用时不受干扰（针对无口语学生） 2.建立发音无负担的心情与发音习惯 11项： 1.建立唱数记忆与一对一数数能力 2.言语、唱数能力成熟，不因动作干扰而中断 3.听懂指令的能力与意愿
知动训练建议	10项： 1.利用第8项，教师数数，学生练习一个数字一个动作，只是让学生模仿时以发音代替数字 2.逐步增强到发音的声调、声速尽量每个数字有区分 3.当学生对此活动很放心时，可以试着要求不同口型 4.若确定学生无法正确发音，最后可辅以手势数字，但是全校的手势必须一致 11项： 1.平日多练习唱数活动，增加数字记忆 2.降低动作难度，给予双手扶持或单手扶持至不扶持 3.若听指令能力不佳，可利用第6项活动多建立对指令的理解与配合能力 4.勿让学生因忘记而紧张，在学生接不上时教师应自然帮助，或预估学生会中断，事先给予支持

　　"和"教育下的"和乐"是低年段学生课程设计的核心，其注重发展学生的基础能力（生活自理、沟通交往、感知觉、动作等）和培养学生的学习常规。着重以生活自理、动作能力、社交沟通为主，提高学生的个人基本能力，能够让学生在支持的环境下快乐生活、和乐成长。结合低年段学生的身心发展特性，对低年段学生的教育诊断增加"知觉—动作能力评量表（特教版）"，学生的知动能力由学校组成的知动小组进行评量，得出学生的知动能力所在项目，根据知动能力制订教学策略。

　　"和"教育下的"和睦"是中年段学生课程设计的核心，旨在让中年段的学生与家人、家庭环境建立关系。"和睦"理念下的教学，以生活技能为基础，着重培养学生与家人、家庭环境和睦相处的关系，注重让学生从发展性学习逐渐过渡到功能性学习。学生既能在学习中逐渐掌握个人生活技能，学习一些简单的家务技能，协助家人做简单的家务以减少家人负担，又能参与家庭活动，提升个人的价值，实现与家人及环境的相互融合，从而达到"和睦"，过上有品质的生活。

　　"和"教育下的"和善"是高年段学生课程设计的核心，注重培养学生的自我决策能力，帮助学生成为家里的好助手、社区里的好邻居，成为知善行善、乐于助人的好少年。学生能独立进行一日居家生活，帮忙完成大部分家务，可在有限的支持下使用熟悉的社区资源，参与固定的社区活动，如公益劳动，能规划自己的一日生活和家庭活动。

第三节　家校合作，确定目标

家庭、学校、社会三者形成合力，才是教育发展的最好模式。我校坚持家校共育的原则，每学期都会由班主任通过邀请家长、各学科教师、行政、各专业团队形成一个新的跨专业团队，召开"和"综合研判会议和IEP会议。以跨专业团队整合的方式，一起研讨学生的现有能力、优弱势、家长的需求、生态环境等综合因素，从"四和"培养目标中选出以学生为中心的精准化教育目标，制订一份适合学生的个别化教育计划。（具体操作及案例详见第六章）

第四节　横纵联合，班级统整

从学生的发展需求出发，将班级学生的个别化教育目标进行汇总并统整班级全体学生的个别化教育目标，再将学生目标与主题活动、在校的一日生活和家庭教育等六个"和"课程群的教学内容进行匹配，整合出各学科的教学目标和例行活动的目标，形成一份班级目标统整表。以此确保教师在教学过程中既可以顾及全班同学的共同目标，又可以满足学生的个别需求。

班主任根据本班学生本月的相关目标进行主题分析（图5-2），其涵盖班级教学的重点内容、统整各学科的教学内容规划与班级主题相结合，形成主题下的班级教学内容。学科教师再依据班级主题规划分析制定学科主题分析（图5-3）和主题规划教学进度（表5-3）。通过统整活动检核每月教学的成果，以活动的形式展现出来，并在活动中进行教学目标、教学内容、教学成果的评价。

为实现学生个别化教育计划的目标，并与班级学生的个别化教育计划相统整，从而确保教师在教学过程中既可以考虑到全班同学的共同目标，又可以考虑到学生的个别需求，在制订个别化教育计划后，根据班级学生的IEP汇总班级目标，并确立主题。以"月"为时间单位，确定月主题为班级的教学内容，各学科课程根据月主题的教学内容开展教学活动，最后以统整主题活动的方式检核学生的个别化教育目标。

班级主题：**我爱我校（3月）**

认识校园
- 认识校园环境
  - 认识校园生活动环境
  - 认识校园学习活动环境
- 认识校园安全
  - 掌握设施使用方法
- 了解校园信息
  - 校园名称、基本特点
  - 班级老师、所在年级

热爱校园
- 热爱校园活动
  - 了解学校的一日安排
  - 了解班级的一日常规
  - 感受校园活动
- 学习文明礼仪
  - 遵守校园规则
  - 学习校园文明礼仪
  - 做文明好学生

服务校园
- 爱护校园环境
- 承担校园责任

统整活动：游园会
- 在参观各班级的活动中，感受校园活动的乐

核心目标：通过进一步的熟悉了解校园，养成热爱校园、热爱校园活动、热爱班集体的意识

生活语文
- 爱校爱国礼仪
  - 学习校园文明礼仪
  - 班级常规礼仪
- 保安室、音乐室、危楼区等
  - 认识校园生活环境
- 食堂、校医室、感悟室、各班级、感悟室、音乐室、运动场所等

生活数学
- 学习数前概念。辨认粗细不同的物品
- 能把粗细的概念运用在校园情境中
- 认识校园班级信息
- 认识校园的信息

生活适应
- 认识校园信息
- 认识校园安全
  - 认识校园的安全设施、公共设施
  - 爱护安全设施的良好习惯
  - 养成保护自己、爱护安全设施的良好习惯
- 热爱校园活动
  - 感受校园活动的变化
  - 认识校园的一日活动

劳动技能
- 爱护校园环境
  - 认识校园环境、爱护校园环境（卫生习惯）
  - 养成爱护班级、爱护校园环境
- 爱护班级环境
  - 学习打扫教室打扫教室的劳动技能
- 爱护校园环境
  - 学习整理班级物品的劳动技能

畅游律动
- 舒缓的音乐配合做动作（做动作）
  - 舒缓的音乐配合做动作（重团体、乐享受）
- 感受音乐课、音乐活动中的美好

绘画手工
- 感受元宵节日的气息
- 感受春天校景色的美好

运动保健
- 投球、接球的活动
- 学习两种体育运动的方法

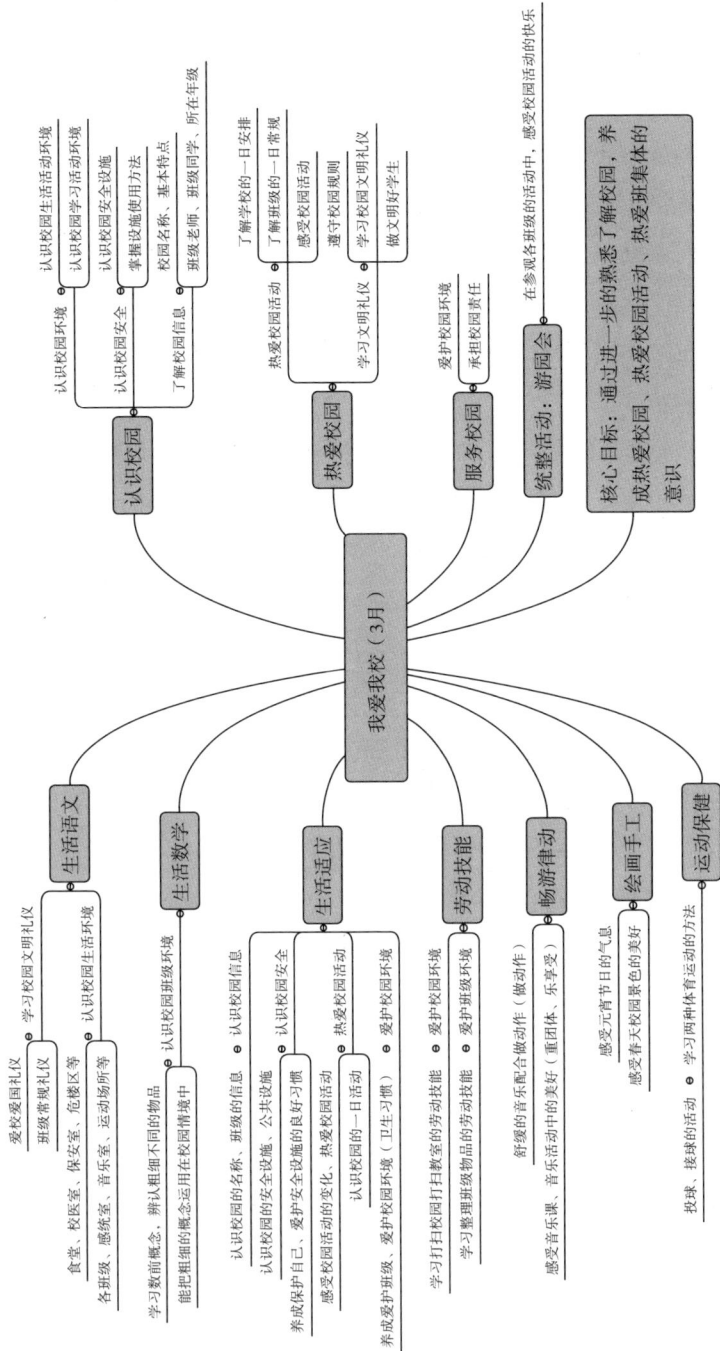

图5-2 班级主题分析图

我爱我校（2~3月）

2月：新学期的不一样
- 老师的变化，课表的变化
- 上课常规：起立问好，回答举手，安静坐好，认真听讲，认真写作业
- 做个有礼貌的好学生：问好、请帮忙、谢谢、物归原位

3月：我爱我校
- 热爱校园活动
  - 认识校园的不同活动场所
  - 认识校园的一日活动：升国旗的礼仪等
  - 感受校园活动的变化，热爱校园活动
- 认识校园信息
  - 认识校园名称、班级信息（年级、老师、同学）
- 认识校园安全
  - 认识校园安全设施、公共设施
  - 保护安全设施的良好习惯
- 爱护校园环境
  - 认识校园、班级的环境
  - 校园垃圾分类
  - 班级卫生习惯：刷牙洗脸、擦桌扫地等

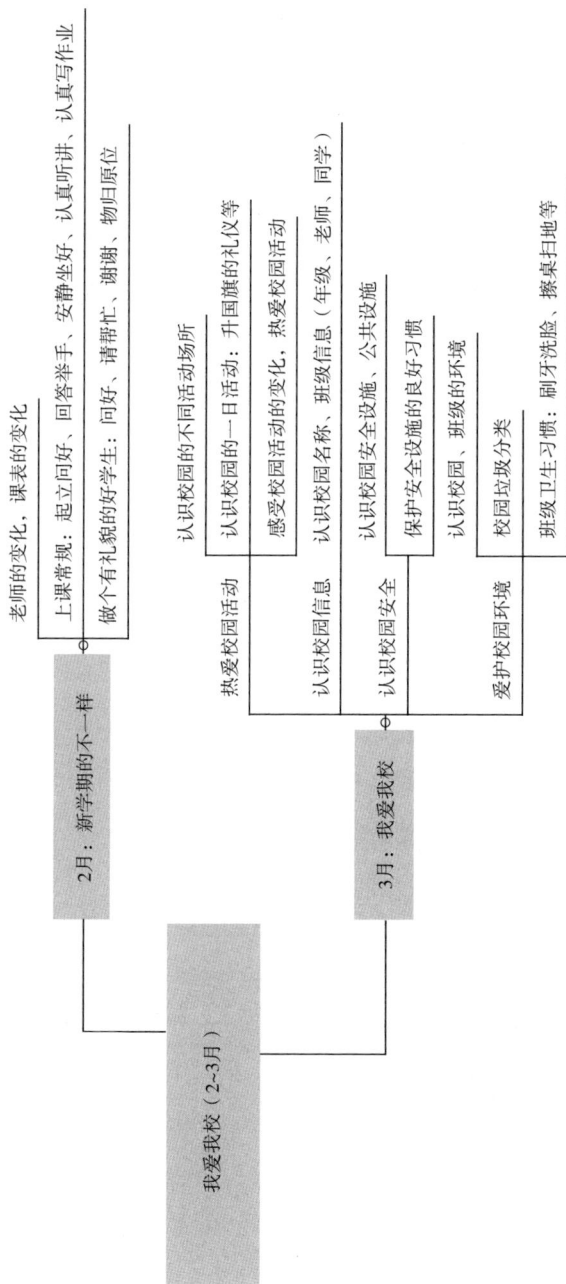

图5-3 学科主题分析图

表5-3　主题规划教学进度（节选）

时间	第三周			第四周		第五周		
	2022.3.2	2022.3.4	2022.3.7	2022.3.9	2022.3.11	2022.3.14	2022.3.16	2022.3.18
	课时1	课时2	课时3	课时4	课时5	课时1	课时2	课时3
开始活动→主体活动→练习活动→整理活动	1.课程介绍 2.师生问好 3.国歌导入：教师和学生立正听国歌 4.预告流程 5.学习新知 6.升国旗的礼仪一（穿校服、戴红领巾） 7.整体学习 8.看视频学礼仪 9.看照片做动作 10.情境练习 11.升国旗前的准备 12.练习评价 13.课堂总结	1.课程介绍 2.师生问好 3.国歌导入：正听国歌 4.预告流程 5.学习新知 6.升国旗的礼仪二（立正敬礼） 7.整体学习 8.看视频学动作 9.看照片做动作 10.情境练习 11.升国旗时的礼仪形式 12.练习评价 13.课堂总结	1.课程介绍 2.师生问好 3.视频导入：班级学生在国旗下认真听讲的视频 4.预告流程 5.学习新知 6.升国旗的礼仪三（唱国歌，听国旗下的讲话） 7.整体学习 8.看视频学习 9.看照片做动作 10.情境练习 11.国旗下的讲话 12.练习评价 13.课堂总结	1.课程介绍 2.师生问好 3.视频导入：教师国旗下讲话的视频 4.预告流程 5.学习新知 6.升国旗时的注意事项 7.整体学习 8.看图学习 9.看图指认 10.活动练习 11.分组活动 12.看图做正确的升国旗的礼仪 13.做正确的礼仪 14.练习评价 15.课堂总结	1.课程介绍 2.师生问好 3.直接导入：争当国旗下讲话的小代表 4.预告流程 5.学习新知 6.做出升国旗的礼仪行为 7.整体学习 8.看视频回顾 9.上台做演示 10.情境练习 11.请学生做出正确的升国旗的礼仪，争当小代表 12.练习评价 13.课堂总结	1.课程介绍 2.师生问好 3.视频导入：校园活动的视频 4.预告流程 5.学习新知 6.认识学校和班级教师（班主任等） 7.整体学习 8.看图学习 9.看图指认 10.看图介绍 11.活动练习 12.分组完成：自己学校的介绍卡，上台介绍学校与教师 13.练习评价 14.课堂总结	1.课程介绍 2.师生问好 3.图片导入：学校场所的图片 4.预告流程 5.学习新知 6.学生学习学校场所的（教室、感统室、校医室、操场等） 7.整体学习 8.视频＋图片学习 9.视频练习 10.场所和活动的配对 11.练习评价 12.课堂总结	1.课程介绍 2.师生问好 3.视频导入：学习一日活动的视频导入 4.预告流程 5.学习新知 6.学校园一日活动（校园常规） 7.整体学习 8.视频＋图片学习 9.作业练习 10.时间点与活动的配对 11.练习评价 12.课堂总结

第五节　协作执行，主题统整

依托学校"和"教育课程，以生活适应为核心，以月主题活动为载体，教师注重利用情境和创设情境，将教学内容进行有机整合，拟订主题规划，明确统整活动，通过整体、分化、统整形式发展出不同的教学活动，实行主题活动下的分科教学模式，采用多学科协作教学模式，使不同的教学资源得以整合，教师专业素养得以提升。通过统整活动检核每月教学的成果，并在活动中进行教学目标、教学内容、教学成果的评价。

教师于每学期开学前做好教学规划，并准备好教学所需资源及相关事项。备课时，教师要分析学生的学习经验、区域文化特性、教材性质与教学目标，准备符合学生需求的学习内容，并规划多元适性的教学活动，为学生提供学习、观察、探索、提问、反思、讨论、创作与解决问题的机会，以增强学生对所学知识的理解和连贯运用。教师配合平时教学，进行创新教学实验或行动研究，先评量学生的学习功能及需要，再参考本课程实施的原则与规范，并据此拟订适合学生能力与需求的个别化教育计划或个别辅导计划，以落实个别化或区分性教学。教师充分了解校园中无障碍环境的设置、规划原则及方式，并对各项身心障碍学生学习辅具的操作与应用有基本的认识与了解，在主题教学过程中适时增加辅具技能的运用，以提升其学习成效。

教师可以依据核心素养、教学目标、学生能力或学习表现，并适应不同领域与科目的特性，采用有效的教学方法或教学策略进行教学，包括工作分析法、生活经验统整教学法、主题式统整教学法、直接教学法、合作学习法、多层次教学法、通例教学法、结构化教学法、启发教学法、欣赏教学法、创作教学法、设计教学法及社会化教学法等。针对不同性质的学习内容，设计有效的教学活动，并适时融入数字媒体学习资源与方法。教师还可以依据学生的年龄、性别、学习程度、学习兴趣、多元智能、身心特质等的差异适性分组，采用多元教学模式及提供符合不同需求的学习材料与评量方式等。

　　教师布置学生作业宜多元、适性与适量，并让学生了解作业的意义和达标基准，以提升学生学习动机、激发学生思考与发挥想象、延伸与应用所学，从而使学生从作业反馈中获得成就感。

　　教师应建立有助于学习的班级规范，营造正向的学习气氛与班级文化，并加强师生沟通与合作等，以提升学生学习效果。教师可以依据主题规划户外教育、社区活动等实地情境学习，以引导学生实际体验、拓展视野、技能泛化。为提高学生学习成效，以及培养自主学习和终身学习能力，教师应引导学生学会自主学习，包括动机策略、一般性学习策略、领域科目特定的学习策略、思考策略，以及后设认知策略等。在实施教学时，教师依据拟定的目标编选教材、设计活动、整合资源、实施评量，让学生学习有成效。

　　教学力求在自然情景中进行，利用模拟情境教学，应力求模拟情境与真实情境类似，并运用实物及角色扮演等方式，让学生实际操作、练习并掌握。教师在教学过程中需要考虑活动内容及教学环境的安全性，且在学生出现不适当行为或可能发生意外状况时，及时提供适当的防范与处理措施，提早制定应急预案，组建应急小组。

　　教师应给予学生充分练习的机会，以达到熟练的水平，并用累积复习的方式不断复习旧教材；同一类教材依据难易程度循序渐进地进行教学，以旧带新，熟练后拓展深度、广度；至于容易混淆的教材则设置分开学习，待其熟练后再同时呈现，以提高学习成效。针对仅具有感官障碍与仅具有肢体障碍学生的课程需适应其障碍，以优势或替代的渠道学习。

　　为满足个案的个别化教育需求和发展性的需要，除了通过课程内容、主题统整进行教学，还可以通过例行活动实施个别化教育。

　　例行活动是每天或者固定时间段需要进行重复的活动，个案在校的例行活动有晨点课、大课间、午餐午休、午点等，例行活动的内容重复多次且情境自然，可以促使个案进一步实现个别化教育计划的教学目标。下面以晨点课、午点为例进行教学阐述（表5-4）。晨点课活动内容包括签到点名、认识日期与天气、预告今日课程，在签到点名活动中设置点名小老师、在日期与天气中设置带读小老师、在今日课程中需要完成自己的个别化课程表。午点活动包括兑换代币和表达沟通需求，当个案兑换代币后，需要向教师表达午点需求才能得到午点。

表5-4　例行活动教学（晨点课、午点）

时间	活动内容	活动设置	活动目的
晨点课	签到点名	点名小老师	熟悉班级同学并进行生生人际交往促进生生沟通表达
	认识日期与天气	带读小老师	认识日历，熟悉数字，感受每日天气的变化，学会自己选择穿着衣物
	预告今日课程	个人课程表	熟悉教室、认识课程，按顺序完成课程配对
午点时间	兑换代币	个人代币板兑换	巩固点数配对，理解物物交换
	师生沟通	表达需求	促进语言沟通的发展；主动使用图片、手势、表情、语音进行需求表达

第六节 动态调整，螺旋上升

为了解特殊学生的学习过程与成效，要使用多元的学习评量方式，并依据学习评价的结果，进一步了解学生在发展中的需要，帮助学生认识自我、建立自信，发挥评价的教育功能，使学生在原有水平上继续进步。知明学校依据《培智学校义务教育课程标准（2016年版）》的课程目标、内容要求和个别化教育计划，针对不同学生的学习特点和身心发展情况，采取多层次、多元化评量方法，力求准确反映学生的学习水平和学习状况。

学生层面：学校根据评价结果检核目标是否满足学生需求，并将其作为下一阶段目标选择的参考依据；在主题活动实施过程中，以照片或视频的形式记录学生的实际表现，形成学生的成长电子册，有代表性的作品收入在学生成长手册，作为形成性评价的佐证材料（表5-5）。

表5-5 知明学校中年段某学生基本资料

基本情况	2010年11月23日出生，足月剖宫产，出生时有黄疸。2岁时测出双耳轻度听力损失。医生检测发音器官正常，属于遗传性失语。家里有四口人，主要家庭成员为爸爸、妈妈和妹妹。妈妈有中度智障，且为聋哑人。3岁以前，生活主要由妈妈照顾，处于放养状态；爸爸有轻度智障，负责小妍的洗澡和一日三餐。3岁以后由伯母照顾生活起居。于2016年9月2日入学我校，之前就读于当地普通幼儿园中班，因无法适应幼儿园生活一年后辍学在家，目前就读于知明学校五年级。小妍在我校就读期间，接受了为期两年、每周两次的语言个训，经过家长与学校教师的配合练习，小妍在需求表达能力上有提升；结合家长的反馈，小妍在学习、生活情境中的活动质量都得到提升
能力现状	1.感官知觉。双耳轻中度异常。两耳阈值各为60dB，视觉辨识能力正常。味觉正常，不挑食。对他人的碰触不抵制，能接受同伴活动肢体接触。闻到刺鼻气味，会用手捂住嘴巴和鼻子 2.粗大动作。能进行基本的站立、走、跑、跳、投等活动；能独立上下楼梯；会投球拍球（缺乏运动技巧）；能利用道具做体操及律动 3.精细动作。能够撕、贴图片；会使用勺子、剪刀；能用笔描写简单的字；会使用舀铲类工具；会用手操控平板游戏 4.沟通能力。能理解常用的简单口语、肢体语言、表情 5.非口语表达。常用表达方式是依靠指认实物、指认图卡、简单的手势语来简单沟通；无口语，有无意义的发声

能力现状	6.认知水平。处于具体物（动作、实物）阶段 　7.生活自理。有独立完成日常自理能力；会自己用勺子取食；会简单自我清洁，如洗手、刷牙、洗脸；会自己穿脱外套，且能拉拉链；会自己穿套头衫、袜子、魔术贴的鞋子；能自己解决大小便；会做简单家务劳动，会帮忙倒垃圾、扫地、擦桌子 　8.社会情绪。日常生活中情绪相对稳定，休闲方式以有声绘本、跟随伙伴玩闹为主；由于存在表达障碍，在情感表达方面容易冲动，会用不适当的交往方式，如推人、打人等
领域能力评估	通过使用"双溪心智障碍儿童个别化教育课程"与"全人（个体化）疗育评估记录（表三）"对学生进行评量，可以了解小妍目前的能力为：能进行基本的站立、走、跑、跳、投等活动；能独立上下楼梯；会投球拍球（缺乏运动技巧）；能利用道具做体操及律动；能进行基本的手部操作。小妍对手势理解能力较好，对文字的理解能力较差。口语发音非常有限，在沟通表达方面多使用肢体语言、点读笔。能独立完成大部分自理活动，擦屁股等个别日常活动需要提供肢体协助，情绪大多稳定 　通过"四好评量"判断小妍所处的生活质量水平，了解小妍的起点能力。小妍在各科均可表现出稳定的配合能力，但在写作、抽象的文字、符号概念的理解上能力不足。小妍能完成大部分的生活自理活动，并在家庭、社区情境下，得到机会展现
优势	视觉、触觉的敏锐度，辨别能力较好；会进行基本的动作模仿。双手的基本抓放能力已达到环境需求。学习态度（学习动机、听从指令、独立性等）较好，可以在协助下或诱导下学习大部分事物。聆听理解能力相对较好
弱势	听觉的应用、视动统整、空间关系、视听触觉的记忆以及动作运用与计划发展差。缺乏视觉的空间判断能力与本体觉动作的协调；缺乏运动技能的学习以及游戏规则的理解。双手的协调、顺序动作以及使用工具能力有提升的空间。依据功能分类、顺序排列、解决问题的能力较弱。适应力、合群性差。左右耳的裸耳听力是60dB，语言表达能力较差，只能咿呀学语

　　班级层面：教师根据授课情况在教学计划表中对学生的分解目标进行评价；班级教师通过学生课堂表现和课堂作业系统的记录方式，检核学生的学习效果并形成过程评价资料（表5-6）。

　　年段层面：根据学生的需求制定年段相关主题，借助主题活动的统整活动，每月检核学生的IEP目标达成情况（表5-7）。

　　学校层面：学校会定期（IEP会议）对个案进行评量（每学期末），对个案的IEP实施情况进行及时调整（表5-8）。

　　家长层面：家长定期参与学校活动（家长开放日、家长会、综合研判会等），鼓励家长积极参与教学评价并提出建议，形成可持续发展的家校合作模式。

表5-6　知明学校主题规划表

单元名称	和我一起读好书（学校）	教学时间	2021年9月1~30日
单元主题	养成良好读书习惯，学习阅读技巧	单元目标	主目标： 能掌握简单的阅读技巧 副目标： 1.能养成爱护书籍的好习惯 2.能使用计算器计算价格 3.能文明使用学校图书室，遵守规则 4.能做简单的自我介绍 5.能学会聆听、欣赏他人，表达赞美

| 行为目标 | A组（果、宇、欣、琪）
1.能介绍自己的姓名、年龄、班级、兴趣爱好、家庭住址
2.能获取书中插图的关键信息，了解其发展顺序
3.能根据商品价格拿出对应的100元以内的钱去购买（如牙膏拿10元去买，一箱牛奶拿100元去买）
4.能关注欣赏他人的几种优点，并用几种简单的方法欣赏他的优点，如衣服漂亮、写字好看、唱歌好听、人漂亮
5.能使用1~3种简单办公用品，如回形针、装订机、资料夹、剪纸刀等
B组（航、妍）
1.能根据图片了解事情发生的顺序，正确率为80%
2.能写自己的姓名
3.书写时保持正确坐姿（头正、肩平、腰直、脚放平）10分钟内保持8分钟
4.能根据商品价格拿出对应的20元以内的钱去购买（如盒饭拿20元去买，一包咪咪拿5元去买）
5.能关注欣赏他人的几种优点，并用几种简单的方法欣赏，如衣服漂亮、写字好看、唱歌好听、人漂亮
6.能使用1~3种简单办公用品，如回形针、装订机、资料夹、剪纸刀等
C组（宣、诚）
1.能在听到与自己有关的信息后立刻做出反应，5次中完成4次
2.能根据图片了解事情发生的顺序，正确率为80%
3.能描写点与点之间的线条，10次中完成9次
4.书写时保持正确坐姿（头正、肩平、腰直、脚放平）10分钟内保持8分钟
5.能根据商品价格拿出对应的20元以内的钱去购买（如盒饭拿20元去买，一包咪咪拿5元去买）
6.能关注欣赏他人的几种优点，并用指物品竖拇指的方法欣赏，如指衣服竖拇指表示衣服漂亮、指字竖拇指表示字好看等
7.能使用1~2种简单办公用品，如装订机、资料夹等
康复组（辉、玲）
1.参与活动
2.能在晨点课上，看向自己的照片，5天中有4天完成
3.在学校午休时，能在协助下拿出床上用品，并自己盖上 |

教材分析	9月和我一起读好书（学校） 核心目标：养成良好读书习惯，学习阅读技巧	**选择书** ── 知道书的种类（适应、语文） ── 书的选购日价格、钱的兑换、找零、使用计算器（数学） **我是小读者** ── 爱护书 ── 整理分类（适应） ── 欣赏他人（适应、运动） ── 了解阅读时适当的行为，杜绝不文明行为（适应） ── 能评价自己或他人是否符合文明读者的标准（适应） ── 爱读书 ── 能在书店中体验读者的角色 ── 养成每天读书的阅读习惯、姿势（语言、运动） ── 把握书中事情的发展顺序、因果关系（语文） ── 能使用学校图书资源、遵守规则（语文、适应） **表演书** ── 读书分享会 ── 自我介绍 ── 用多种媒体表现、创作 ── 掌握不同工具的使用技巧与方法（劳技） ── 表演绘本故事、角色扮演

教学策略	1.视觉提示：使用鲜明的视觉提示，例如，图片、文字等提醒学生听课 2.辅助沟通系统：利用点读笔、图卡与他人进行互动，加强人际互动的能力 3.情景模拟：在自然情景中学习保护自己的方法，反复练习 4.强化策略：代币强化，遵循班级代币奖励办法，引发学生学习动机

相关服务	生活语文：自我介绍，从图片中获取信息，保持正确坐姿，亲子阅读 生活数学：认识50元以内的人民币，看物品价格正确拿取对应的钱 生活适应：用文明读者的标准评价自己或他人，学会欣赏他人 劳动技能：简单办公用品的使用方法和步骤 运动保健：学习篮球运动技巧 绘画手工：描绘绘本插画，欣赏他人作品，并表达对他人的赞美 唱游律动：认识1~2种常见固定乐器（非洲鼓、大鼓） 信息技术：感受身边的信息技术 统整活动：读书分享会，与家长、同伴分享绘本

教学计划	第一周	选择书（知道书的种类，自由选择书籍）
	第二周	爱护书（整理分类，欣赏他人，文明阅读，合理评价）
	第三周	爱读书（体验读者角色，养成阅读习惯，学习阅读技巧，使用图书资源）
	第四周	表演书（制作、分享手工书，表演故事，角色扮演）

表5-7　高年段主题统整活动方案

统整活动名称	拥抱自然，亲"篷"同乐——亲子帐篷节社区活动
指导思想	在"和"教育之"人社和一"课程的指导下，知明学校倡导特殊教育应引导特殊学生学会正确表达情感，掌握人际关系，学会与亲人、朋友和谐共处。培智语文新课标在综合性学习方面要求学生参与、体验社区生活，尝试使用文字、图片等方式呈现学习过程以及结果。学生能观察大自然，就感兴趣的内容与他人交谈并养成文明、友善的沟通习惯。在此指导下，拟定本次拥抱自然，亲"篷"同乐——亲子帐篷节社区活动方案，以提高学生的社会适应和人际交往能力
活动目的	通过亲子帐篷节活动，检核月主题学习目标，让学生与家长一起体验亲子、朋友同乐活动，增加学生与家长、同学们的交流。激发学生主动参与社区活动的意愿，在活动中增强他们团结协作、遵守规则的意识，增加社区活动的经验，让他们更好地回归主流社会生活，让学生朝着好帮手的方向前进，同时让学生接触大自然，热爱大自然，培养学生保护环境的良好品质
学生目标	A组（侨、雯、林、东、源、云、彤） 1.能主动使用公交卡乘坐公交车 2.能积极主动根据规则参与亲子游戏 3.能用自己的话表达自己的家庭故事 4.能在投沙包亲子游戏中运用加法算出结果 5.能自主选择玩具，积极主动参与自由活动 6.能进行厨余垃圾、可回收及不可回收垃圾的分类 7.能增进亲子感情，促进同学和睦、友好合作的关系 B组（棉、嫣、聪） 1.能在教师指导下使用公交卡乘坐公交车 2.能在家长引导下参与亲子游戏 3.能使用沟通辅具表达自己的家庭故事 4.能在投沙包亲子游戏中运用计算器算出结果 5.能自主选择玩具，积极主动参与自由活动 6.能在教师指导下进行厨余垃圾、可回收及不可回收垃圾的分类 7.能增进亲子感情，促进同学友好合作的关系 C组（霖、鸿） 1.能情绪稳定，在家长陪同下不排斥参与整个活动 2.能把分好类的垃圾放进垃圾桶
活动时间	2019年10月29日8：30~15：30
活动对象	学生10人，教师5人，保育员1人，行政1人，保安1人，家长10人
活动地点	黄埔区植树公园

活动流程	1.家长、教师带上物资,乘坐365公交车前往活动场地(检核目标:A组主动使用公交卡,B组指导使用,C组不排斥乘坐) 2.准备活动:搭建帐篷,布置游戏场地 3.家庭故事:根据语文课堂学习的内容,利用自己的方式和家长一起讲述自己的家庭故事,介绍自己的家人,以及家人的喜好和经常一起做的活动(检核目标:A组使用麦克风自主进行表达,B组使用沟通辅具点读笔以及沟通板进行表达,C组聆听家长表达自己的家庭故事) 4.亲子游戏:主持人介绍游戏以及规则,共有3个游戏,游戏背景为欢快纯音乐 ①螃蟹夹球。哨声响起,家长与学生手拉手,将一个球放在上面,身体侧向像螃蟹一样横向行走迅速前进;如果在运球的过程中,这个球掉落了,那么,该小组成员就需要回到起点,重新开始;时间最短的一组获胜,获得奖品(检核目标:A组能在投沙包亲子游戏中运用加法算出结果,B组同学能在投沙包亲子游戏中运用加法算出结果,C组同学能够情绪稳定地在肢体协助下不排斥参与游戏) ②投沙包。两人一组,家长和学生一人投沙包进篮子;两人加起来为最终结果,两组家庭对比,沙包投进篮子多的一方胜出,获得奖品(检核目标:A组能独立通过点数加法算出沙包总数量,B组能在投沙包亲子游戏中运用计算器算出结果,C组不排斥且情绪稳定) ③袋鼠跳。设置10米的赛道,两组家庭进行比赛,孩子套上布袋,家长协助弹跳,如有摔倒可以自行爬起,但布袋必须始终套在腿上,如有滑落必须重新套上后方可继续比赛。先完成往返的家庭胜出,获得奖品(检核目标:A组能积极主动根据规则参与亲子游戏,B组同学在家长的指导下参与,C组学生不排斥该游戏,并情绪稳定尝试参与) 5.自由活动:自主选择休闲娱乐玩具,和家长、教师及同学享受帐篷节的休闲时光(检核目标:A组能自主选择玩具,积极主动参与自由活动,B组同学在家长的指导下选择玩具自由活动,C组学生不排斥该游戏,并情绪稳定尝试参与) 6.午餐时光,垃圾分类(检核目标:A组自主进行厨余垃圾、可回收及不可回收垃圾的分类,B组在指导下进行厨余垃圾、可回收及不可回收垃圾的分类,C组把分好类的垃圾放进垃圾桶) 7.大合影,共同清理场地,收拾整理物资,乘坐公交车回校(检核目标:A组主动使用公交卡,B组指导使用,C组不排斥乘坐)

	时间	负责人	工作	注意事项
日程安排	8:20~ 8:30	班主任	清点人数、检查物资、安全教育	安全小组分组,学生落实到人
	8:30~ 9:40	班主任	车程(365公交车):知明学校—黄埔植树公园	1.公交卡使用指导 2.学生安坐
	9:40~ 10:00	八年级教师	1.上厕所 2.搭建帐篷 3.布置游戏场地	1.班任教师负责学生安全 2.集合及如厕 3.家长协助布置场地
	10:00~ 11:00	八年级教师	1.亲子分享家庭故事 2.亲子游戏:①螃蟹夹球 ②投沙包③袋鼠跳	1.保证项目活动场地安全 2.家长不来的同学,教师或者同学相互陪同进行游戏

	11：00～11：30	班主任	黄埔植树公园自由活动	1.班主任规定活动区域 2.学生须在家长陪同下自由活动
日程安排	11：30～12：30	八年级教师	1.享用午餐 2.处理餐余垃圾	1.各学生自己带好午餐食物 2.处理好垃圾等物品
	12：30～13：00	八年级教师	1.收拾帐篷，清理场地 2.拍合影	1.整理帐篷，清理场地 2.拍照
	13：00～15：00	班主任	车程（365公交车）：黄埔植树公园—知明学校	1.公交卡使用 2.学生安坐
	15：00～15：20	班主任	整理放学	指定区域排队
教师管理分组	刘老师：嫣、东、聪 李老师：霖、棉 朱老师：林、雯、侨 雷老师：彤、云 保育员：源、鸿			
安全要求	1.学生的安全由班主任和协班教师负责 2.搭车时勿任意换座位，勿让头、手伸出窗外，上下车时请注意来车方向以免发生危险，上下车要按班集队 3.外出游玩，若遇拥挤要主动退让，并自觉排队，不要到人多拥挤的场合去凑热闹，避免意外事故发生 4.行至崖边、河边、水流湍急的农田灌溉渠边，应走安全的一侧，以免踩虚、脚滑，不慎发生危险事故 5.注意身体健康，切勿吃生食、生海鲜、已剥皮的水果，切勿光顾路边无牌照摊档暴饮暴食，多喝开水 6.贵重物品请随身携带，注意保管，切勿离手			

诊断性评价：在课程实施前，对学生进行教育诊断和课程评估，了解学生的优弱势和学习起点。

形成性评价：在课程实施过程中的不同阶段，如生活语文课、统整活动、社区活动，对学生个别化计划目标的达成情况实行分学科／互动多次评价、即时性评价、"档案袋式"评价等。

总结性评价：在学期末，进行个别化教育目标总体达成情况的评定，教师对学生的IEP目标采用观察、纸笔测验、操作测验等方法进行评价，并通过与家长、教师团队的研判，关注学生目标达成的具体情况及

表5-8 知明学校2021—2022学年第一学期主题汇总表

班级	月份	主题名称	单元情景	一般性目标	教学主要内容	安全教育	统整活动	烹饪课程
低年段	9月	和我一起读好书（家庭生活）	读书分享会	能阅读四本关于中秋节有关的书籍，并用自己的方式分享故事	1.阅读技能 2.师生关系 3.亲子关系 4.课堂常规	校园安全	读书分享会	煮意大利面
	10月	知明世博会（个人生活）	知明世博会	学生能了解黄埔的新变化、新风貌，介绍自己所在区域的概况	1.资料搜寻 2.岗位特色文化 3.自我推荐 4.家乡的变化	交通安全	世博会	煮牛丸汤
	11月	融合运动会（学校生活）	融合运动会	学生能遵守运动会的规则，从报名、准备、参与到总结各环节无分参与到融合运动会中	1.运动项目的认识 2.表达求助 3.提升运动技能	户外安全	运动会	煮糖水
	12月	欢喜过大年之我的年货街（社会生活）	迎年货街	学生能了解并展示广府新旧庆年货街，制订自己的新年计划	1.认识常见年货 2.采购年货 3.布置年货街 4.售卖年货	防火安全	年货街	煮饺子
中年段	9月	和我一起读好书（学校生活）	读书分享会	学生能通过阅读图书和书籍，制作职业百科书并进行读书分享	1.能了解各类工作的内容、要求和相关信息（职业、书籍）2.会上网搜索职业信息 3.能制作职业百科书（格式化表格）4.能遵守分享会和汇报时的礼仪、规则（准时等）	校园安全	读书分享会	番茄鸡蛋汤/拌面

班级	月份	主题名称	单元情景	一般性目标	教学主要内容	安全教育	统整活动	烹饪课程
中年段	10月	我眼中的新黄埔（个人生活）	交通景点馆	学生能了解黄埔的新变化、新风貌，介绍自己所在区域的概况	1.能了解各类工作的内容、要求和相关词汇 2.能上网查询地点、路线 3.能规划和整理个人、班级物品 4.能对自己能否胜任该项工作预做评估	自我保护	交通景点馆	饺子
	11月	融合运动会（家庭生活）	融合运动会	学生能遵守运动会的规则，从报名、准备、参与到总结各环节无分参与到融合运动会中	1.能填写格式化自己的表格 2.能服从教师的指令 3.能遵守赛事规则 4.能对自己能否胜任该项工作做预做评估	运动安全	运动会	纸杯蛋糕
	12月	寻味广东新年（社会生活）	逛花街	能了解并展示广府新旧庆年活动，制订自己的新年计划	1.能合理规划和分配自己的金钱 2.能制订自己的休闲计划 3.掌握春节前家居清洁技能 4.能参与逛花街活动，体验节日的快乐	寒假安全	逛花街	炒菜
高年段	9月	和你一起读好书（学校生活）	校园读书分享会	通过阅读图书和搜索信息，能制作职业礼仪绘本并进行绘本分享	1.了解和学习职业礼仪 2.学习有目的、有方向地选择书籍 3.通过合适的途径进行阅读 4.能制作职业礼仪绘本 5.能够积极参与读书分享活动	校园安全	参与社区读书分享活动	肉松小贝
	10月	知明世博会（个人生活）	高年部展览活动	通过了解萝岗的变化，增加对家乡的归属和热爱	1.了解家乡的风土人情，感受乡的变化 2.介绍家乡的旅游景点，制作旅游路线 3.争当小小志愿者，提高与人交往/聊天的技能	防性侵防拐骗	合理安排自己的休闲娱乐活动	纸杯蛋糕

班级	月份	主题名称	单元情景	一般性目标	教学主要内容	安全教育	统整活动	烹饪课程
高年段	11月	融合运动会（家庭生活）	校园融合运动会	通过了解运动项目，培养竞赛与合作精神	1.能合理安排一日三餐 2.能合理安排室内外运动，提高身体素质 3.能积极参与运动会	饮食安全 运动安全	和家人一起做菜	北海道戚风蛋糕
	12月	欢喜过大年（社区生活）	班级年会互动	通过寻找广府年味，增加对传统节日的认识	1.了解春节传统节日的习俗 2.学习与人交往、聊天的技能，提高社交能力 3.了解相关的职业 4.会根据自己的需要，制订过年期间休闲活动计划	外出安全	家庭外出游玩活动	半熟芝士

背后的原因。

个体差异性评价：针对学生不同领域、不同学科的评估，横向分析其不同优弱势，从而采取补救性策略和充实性策略；纵向持续追踪，通过不同时间段的评价折线图，分析学生进步的领域、快慢情况，提供科学量化的结论；利用多次过程性评价的结果绘制学生的变化曲线图，进行目视分析评价。

学习评量兼顾形成性评量、总结性评量，并可视学生实际需要，实施诊断性评量、安置性评量或学生转衔评估。教师依据学习评量需求自行设计学习评量工具。评价内容考量学生身心发展、个别差异、文化差异及核心素养内涵，并兼顾认知、技能、情感等不同层面的学习表现。为适应特殊教育学生的个别需求，学校与教师提供适当的评量调整措施。有关评量调整措施视该领域或科目学习目标及特殊教育学生身心条件进行弹性调整，包括内容、方式、时间、地点及标准等，并将学生的学习态度、学习动机及学习行为纳入评价范围。

学习评量方式依据领域、科目与活动性质及学生学习特性与需求，采用纸笔测验、实作评量、档案评量、计算机测验、行为观察、晤谈、口述（手语、笔谈）、报告、资料搜集整理、创作与赏析、艺术展演、自我评量、同伴互评、校外学习、平时考察、定期考察、标准化测验、作业评定等多元形式，并避免偏重纸笔测验。学习评量报告提供量化数据与质性描述，协助学生与家长了解学习情形。质性描述包括学生学习目标的达成情形、学习的优势、课内外活动的参与情形、学习动机与态度等。符合个别化评量原则，依据个别化教育计划或个别辅导计划制定的目标进行评量，且需要于每学期末或必要时进行检讨修正。根据评价结果检核目标是否满足学生需求，并作为下一阶段目标选择的参考依据，设计前后衔接、相互联系、螺旋式上升的目标体系。

通过"和"教育个别化教育课程的实施，六"和"课程群的学习，满足了学生多样化的需求，保障学生个体能获得充分发展，逐级成长为"和乐、和睦、和善、和谐"的学生。在课程评估过程中，以未来学生生态需要为依据，通过科学化评估，了解学生的起点能力。在个别化教育计划拟订的过程中，结合培智课程目标与学生能力，制定精准化的教学目标。在课堂教学、生活实践中，选编生活化的教学内容，提供多样化、个别化的支持策略与方法，从而实现学生的个别化教育。在教学评价方面，采取过程性、形成性等多元化方式进行学习评价，依据评价反馈调整教学目标，使学生的能力得到全面发展。

第六章

"共愿 · 共情 · 共育" 的家校沟通机制

第一节　多维精细，让课程绽放同心之花

特殊教育学校的发展离不开最理想和最亲近的合作伙伴——家庭。特殊学生的成长与家庭和学校密不可分，不仅需要家庭和学校发挥积极作用，还需要双方不断沟通与协调，在教育目的和方向上保持一致。随着互联网和大数据时代的到来，学校教育环境发生了翻天覆地的变化，这也给学校的管理和育人机制带来了极大的挑战❶。发展特殊教育，推动家校合作建设是坚持以人为本教育理念、弘扬人道主义精神的重要手段，也是关爱特殊儿童的外在表现。当前家校合作受学生、家长、教师、学校、社会等多方因素的影响，存在着合作关系不够融洽、合作内容不够全面、合作缺乏计划性与连续性、合作效果单向集中等问题，因此导致教学效果不够理想，许多特殊教育学校及学生家长已经意识到良好家校关系的重要性。

在家校合作中，家长和教师双方共同参与，两者之间是相互合作的伙伴关系，双方进行优势互补，将教育力量实现最大化。双方合作的互动交流是双向的，开展家校合作借助的平台和媒介是多元化的。家校合作的开展基于学生的元生态和多元发展，由学校、家庭和社区共同支持学生的个别化发展。因此，我校多年来一直致力于探索有效的"元元共生"家校命运共同体合作模式。在"元元共生"家校命运共同体合作模式下，我校根据每一位特殊学生的教育起点，依据《培智学校义务教育课程标准（2016年版）》制订精细的个别化教育计划、个别化家庭支持计划、个别化社区支持计划。学校携手家庭共同建立家校命运共同体的理念，从多维角度完善科学的家校沟通机制，共同构建特殊教育支持体系共同体。通过常规课程、主题活动、社区活动、亲子活动等多维角度

---

❶　罗恺赟，韩宁，高勇."互联网＋教育"模式下高校"家校合作"育人机制建设研究［J］.中国新信，2023，25（16）：185-187，184.

落实个别化教育计划，促进每一位特殊学生的多元发展，让课程绽放出"共愿·共情·共育"家校命运共同体的同心之花。

（一）由我到我们的命运共同体

"共同体"引申于德国著名社会学家、哲学家斐迪南·滕尼斯的成名作、经典的社会学文献《共同体与社会》。他定义了"共同体"的概念："通过某种积极的关系而形成的群体，统一地对内对外发挥作用的一种结合关系，现实的和有机的生命组合。由个体意志决定的、相互发生关系的群体，这是共同体的基本条件；对内对外发挥作用是共同体的功能，现实的和有机的生命是共同体的本质。"❶巴纳德的"协作系统"从行为科学的角度对组织内涵进行深刻认识，将人的行为作为组织的实质抽象出来。他认为所谓组织都是"有意识调整了的两个人或更多人的行为或各种力量的系统"，是以共同目的、协作愿望和信息为必要和充分要素所组成的系统❷。由此可见，学校也是由组织系统、物质系统、人的系统和社会系统组成的一个具体整体的"协作系统"，而不是一个单独的个体。

教育共同体是基于一致的教育信仰，为了共同的教育目标，在培养人的社会实践活动中形成的精神共同体❸。在教育共同体系统中，学生能够在家庭、学校和社会的相互支持下接受教育。学校可以得到来自家长以及社会方面的支持，而家长在教育子女上也可以得到来自学校以及社会方面的指导，家庭、社会、学校三者相辅相成，相互影响。随着新时代社会的不断发展，家、校全新共育方式的转变也随之而来。由原来学校主导，向家、校双主导转变；由原来"约谈见面"，向多种渠道沟通转变；由原来以学业为主的沟通内容，向学生性格、交际能力、纠纷产

---

❶ 滕尼斯.共同体与社会［M］.林荣远，译.北京：商务印书馆，1999.
❷ 巴纳德.经理人员的职能［M］.孙耀君，译.北京：中国社会科学出版社，1997：2.
❸ 林上洪."教育共同体"刍议［J］.教育学术月刊，2009（10）：2.

生等多个话题方向转变……❶新时代的教育已经不仅是以学校为主导的"我"的教育，而是亟须构建一个学校、家庭以及社会联合组成的"我们"的教育共同体。

（二）"和"文化与特殊教育共同体

世界万事万物的存在、发展和变化皆是依赖"和"实现的，"和"存在于发展过程中，"和"使事物发展具有多样性、稳定性、可持续性。"和文化"具有巨大的内聚力、内旋力，特殊教育应当在特殊教育群体复杂严峻的各种关系和问题中，具有对抗矛盾和冲突的强大力量，通过"和文化"理念将与特殊教育相关联的所有参与者凝聚成共同体，这样才能获得合作与发展。

我国的《第二期特殊教育提升计划（2017—2020年）》提到"加强家校合作，充分发挥家庭在残疾儿童少年教育和康复中的作用"和"充分发挥社会力量的作用，学校、家庭和社会相互配合"。美国的特殊教育法，其中"94—142公法"中"家长参与"成为核心的内容之一。"99—457公法"提出"个别化家庭服务计划"，《残疾人教育促进法》对家长的权利与义务进行了全面的描述。由此可见，不管是从法律规定角度还是从学校实践角度，我们都能够发现特殊教育家校合作受到越来越多的重视。美国霍普金斯大学"家庭—学校—社区合作"研究专家艾普斯坦在《从理论到实践家校合作促使学校的改进和学生的成功》一文中，将家校合作的含义扩展为"学校、家庭、社区合作"，并强调了家庭、学校和社区对孩子的教育和发展负有共同的责任，论述了家庭、学校、社区三者对孩子的教育和发展的相互影响❷。"家校合作"是家长参与特殊儿童教育教学最便捷有效的途径，家长和学校之间进行坦诚的沟通和交流对特殊儿童的特殊教育有着非常积极的影响，因此，在特殊教育中非常有必要渗透家校互动这个环节。

---

❶ 张瀛.新时代家校沟通的困境及破解路径［J］.白城师范学院学报，2023，37（4）：78-82.

❷ 岳瑛.我国家校合作的现状及影响因素［J］.天津市教科院学报，2002：49-52.

特殊教育共同体的核心是合作，特殊教育共同体应联合多方力量推动构建新型的家校社合作关系，平衡特殊教育个体与自我、环境、社会的共同发展，构建"和文化"引导下特殊教育命运共同体，健全学校、家庭、社会协同育人机制，让特殊学生能在特殊教育共同体的多方支持下，学习更多的知识与技能，勇敢自信地走入社会。

第二节　多方支持，建立家校沟通机制

随着教育的制度化，学校逐渐成为教育的主导者。然而，为了学生的安全而紧闭的学校大门却逐渐割裂了学生家庭以及社区，并淡化了两者的教育职责。但不可忽视的是，教育是一个大系统，要从根本上改变教育与社会发展相脱节的矛盾，打破封闭办学的管理体制，更好地实施素质教育，实现"三个面向"和培养"四有新人"的目标，必须建立起一种面向21世纪的学校、家庭、社会教育相结合的管理模式，形成学校、家庭、社会"三位一体"的素质教育社会化网络，实现学校教育、家庭教育和社会教育的和谐统一❶。

（一）组织保障：设立机制，明确职责

1.建立家委会组织，共谋发展蓝图

《教育部关于建立中小学幼儿园家长委员会的指导意见》明确提出："建立家长委员会，对于发挥家长作用，促进家校合作，优化育人环境，建设现代学校制度，具有重要意义。"

在党支部的引领下，我校正式成立广州市黄埔区知明家长学校委员会。在制度管理上明确了家长学校委员会成员的不同职责、分工、行为规范、优秀家长评选条件以及评估考核表等（见表6-1），从竞选到评选，为家长参与学校教育管理提供公平开放的教育管理平台。

为了进一步加强学校与家庭的联系与合作，更好地发挥全校学生家长助教兴教的作用，形成教育合力，使全体家委会成员达到开拓"沟通学校、家庭、社会信息的渠道"，建立"互信、协作、理解的桥梁"的良好效果，必须让家长委员会参与学校管理，了解学校的主要工作，增进家长对学校工作的理解与支持，构建家校共建共育的和谐机制。在学校家长委员会的组织下，家长通过家委会工作会议有效参与学校的重大

---

❶ 段慧兰.构建完备的社区教育网络：兼谈伊里奇"学习网络"理论及其启示 [J].湖南社会科学，2000（4）：67-69.

工作，比如，重大项目建设、发展规划调整、外出社区活动，提前征求家委会意见，邀请参与决策过程（家委会工作会议内容见表6-2）。我校主动调动一切积极因素，充分挖掘家长潜在的教育资源，形成推动学校发展和学生成长的强大合力。

表6-1　广州市黄埔区知明家长学校评估考核表

评估标准	评估要素	权重	自评分	区评分
组织保障30分	1.由校级领导负责家长学校的工作，家长学校的工作纳入学校教育、教学计划	5		
	2.建立校委会，有明确的职责分工，召开工作会一年不少于4次	5		
	3.有规划和年度工作计划、工作总结	5		
	4.规章制度健全，有学籍管理、教学、考勤、表彰四个制度	5		
	5.有关文件、通知、资料、表册等收集齐全，分门别类归入档案	5		
	6.各班级都配有专兼职班主任，班主任对班级履行管理职责	5		
办学条件14分	1.有挂牌标识、有较为固定的办公室和培训场所	5		
	2.有教育行政部门或主办学校支持筹措的办学经费，经费专款专用	5		
	3.有辅导教材及音像资料、家长学校校本教材、家教专业书刊	4		
过程管理36分	1.家长学校对所有学生家长进行家庭教育的指导与培训，每学期不少于1次，时间不少于90分钟。对参训的家长学员进行出勤登记，有考勤记录	4		
	2.有教学计划、教案、课堂练习和课外实践材料。指导培训过程能充分考虑成年人教育的特点，以解决现实生活中普遍存在的问题为重点	4		
	3.每学期至少组织1次家长代表座谈会	4		
	4.开展家访活动，建立班主任与家长联系制度，有联系记录	4		
	5.每学期至少召开1次家长会	4		
	6.组织开展家庭教育实践和亲子互动活动，每学期至少1次	4		
	7.每学期至少开展1次家长问卷调查，设立家长意见、建议信箱	4		
	8.建立"家长开放周（日）"	4		
	9.建立表彰奖励制度，定期评选好家长并组织经验交流	4		

评估标准	评估要素	权重	自评分	区评分
效益成果20分	1.家长受教育率普及率达80%以上	4		
	2.家长主动参与学校的教育及家长学校的活动	4		
	3.办学质量和效果得到家长的好评，家长对家长学校的办学满意率达80%以上	4		
	4.家长学校在某方面有突出成绩，荣获区级或全国表彰	4		
	5.有家庭教育研究专题、科研成果、调查报告发表或获奖	4		

表6-2 广州市黄埔区知明学校2022~2023学年上学期家委会工作会议内容

时间	主题	主要流程
2022年9月	家校携手共谋发展	1.赵姬姬校长致辞 2.校长介绍本学期学校工作计划 3.家长问题解答 4.需要与家长沟通的问题，如校服、校车、餐费、学生外出活动等
2023年1月	共商共育共同发展	1.赵姬姬校长致辞 2.校长做本学期学校工作总结 3.家长问题解答 4.家长献计献策，共商下学期工作计划
2023年3月	凝心聚力共育未来	1.赵姬姬校长致辞 2.校长介绍本学期学校工作计划 3.家长问题解答 4.需要与家长沟通的问题，如学生午餐、社区活动、学生外出比赛活动等
2023年7月	同舟共济乘风破浪	1.赵姬姬校长致辞 2.校长做本学期学校工作总结 3.家长问题解答 4.家长献计献策，共商下学期工作计划

2.创建"元元共生"家校命运共同体合作模式（图6-1）

根据知明学校家校合作实际问题，在把握现状的基础上，我校创建有效的"元元共生"家校命运共同体合作模式。

"元元共生"家校合作模式：第一个元是指本元，即学生本我身心环境的元生态及自我所处生长环境的元生态；第二个元是指多元，能根据学生本身的特质，在个别化教育计划、个别化家庭支持计划、个别化社区适

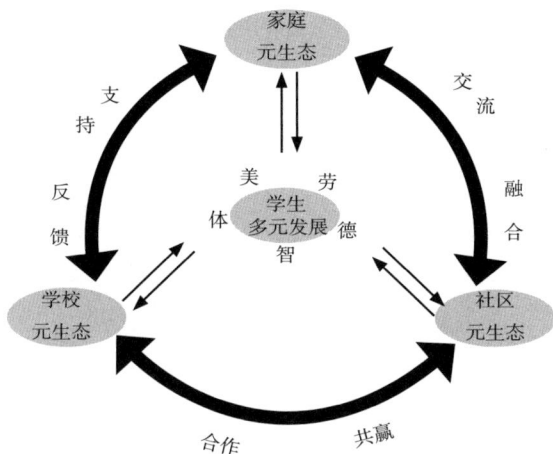

图6-1 "元元共生"家校合作模式

应支持计划多元帮助下，最终促进学生德、智、体、美、劳五育并举多元发展。"元元共生"模式是基于学生身心发展的元生态和自我所处生长环境的元生态，在学校、家庭、社区共同合作下，创建三者之间特殊教育参与者命运共同体的可持续发展模式。

根据每名学生的不同情况进行元生态评估，形成评估报告。依据《培智学校义务教育课程标准（2016年版）》制定个别化教育计划、个别化家庭支持计划、个别化社区支持计划，通过常规课程、主题活动、社区活动、亲子活动等落实个别化计划，并以学校为主导，促进学校、家庭、社区三者之间的沟通交流与合作共赢，最终促进学生的多元发展。

3.联合多方力量，构建特殊教育支持体系共同体（图6-2）

第一，家庭支持。习近平总书记指出："要帮孩子扣好人生第一粒扣子，父母是家庭教育的主要实施者，家庭教育的理念和方法决定着孩子接受家庭教育的质量。""和文化"引导下的家庭支持体系要求家长将两个内容作为家庭建设的主要部分，一是家长的特殊教育专业知识和技能的学习与提升。只有掌握准确、适当的教育康复训练方法，学生的各种能力才有提升的可能。二是家长自我心理健康调适能力。特殊学生家庭面临的困难和挑战是艰巨且长期的，需要家长具有强大的内心调适能力，时刻保持健康的身心状态，才能拥有与学生共同面对困难的勇气和信心。因此，在"和文化"引导下，知明学校积极引导家长应该与学生"和"，更应该与己"和"，应当努力成为共同体的核心组成。

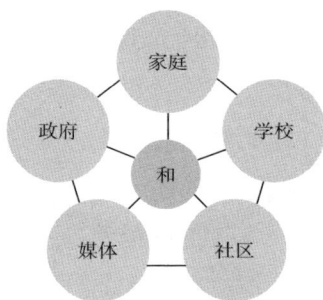

图6-2　特殊教育支持体系共同体

第二，学校支持。随着社会的发展变化，传统学校的发展理念与形式已无法满足新时代特殊教育的需求。只有对传统的形式进行不断调整，才能满足特殊教育的发展需求。作为学校，知明努力构建适合特殊学生发展的课程体系、教师队伍、学校环境，同时不断寻求多方合作支持平台。构建特殊教育支持体系共同体，需要联合多方力量，应该以学校为核心，与家庭、社区、政府共同构建融合适应平台，为特殊学生成长及适应社会构建共同体支持平台。

第三，社区支持。陶行知先生深刻地指出："不运用社会的力量，便是无能的教育；不了解社会的需求，便是盲目的教育。倘使我们认定社会就是一个伟大无比的学校，就会自然而然地去运用社会的力量，以适应社会的需求。"社区的所有资源都可以作为特殊教育和文化支持体系的资源，街道、残联等作为行政服务部门是主要的支持力量，另外，社区、企业、商场、医院、公共场所等作为伴随特殊学生成长的各种环境都是特殊教育支持体系不可或缺的，都应该成为特殊教育共同体的有力支持者。

第四，政府支持。政府要充分发挥好国家机关的专业职能，有效提高残疾人、特殊群体、特殊教育等不同问题政策制定的针对性、支持性和科学性，尤其是面对当今较为严峻的特殊教育问题，只有充分调研、科学研究，才能保证政策制定的科学性，从而为特殊教育共同体的构建提供政策体系。

第五，媒体支持。新闻舆论的力量是无穷的，特殊教育的发展应充分利用新闻媒体的支持。特殊教育的理念和政策需要进行广泛的宣导，例如，融合教育、无障碍环境创设、残疾人相关支持政策等。特殊群体面临的困难与处境，需要新闻媒体及时发声，引起社会及政府部门的关注与支持。特殊教育取得的成效和做法，需要新闻媒体进行宣传，以促进特殊教育的发展。新闻媒体应当成为特殊教育共同体发展的发言人。

特殊教育共同体的核心是合作，平衡特殊教育个体与自我、环境、社会的共同发展。在"和文化"引导下的特殊教育命运共同体中，我校以学校支持为核心，强化家庭、社区、政府以及媒体的教育职责，积极引进各方教育资源，联合家庭支持、社区支持、政府支持以及社区支持形成共同体的强大教育助力，为特殊学生的健康成长保驾护航。

（二）赋能增效：校本培训提升技能

1.开展家校培训

苏霍姆林斯基曾说："教育的效果取决于学校家庭的一致性，如果没有这种一致性，学校的教学、教育就会像纸做的房子一样倒塌下来。"智力障碍学生由于其自身的特殊性，其家长较普通学生家长而言需要具备较高的教育及康复知识。针对特殊学生的家庭，每名学生都有不同的教育需求，只有家庭教育和学校教育保持统一的理念和方向，学生才能在教师和家长的共同关怀下快乐成长。为进一步保障我校教育康复和家庭康复的有效结合，更新家长的家庭教育理念，提高家长的特殊教育技能，加强家长协同育人的协同教育理念，提高家长素质，建立学习型家庭，为学生提供精准化、个性化、一致化的教育康复，知明学校定期进行家校培训。

（1）成立讲师团队

由学校课程处、德育处牵头，组织学校课程和康复骨干教师讲师团队，聘请特殊教育专家鲍亦君先生作为课程指导并进行培训授课。

（2）进行需求调查

为了解家长的教育情况及教育需求，学校课程处制作调查问卷和访谈提纲，对家长进行问卷调查和深度访谈，了解家长在家校共育中存在的困难和培训需求，并根据家长的情况进行分析与设计，准备"家校和育"系列培训。

（3）进行系列家校培训（表6-3）

表6-3　2019~2021年家长学校培训情况统计

序号	培训时间	培训主题
1	2019年9月27日	孩子的秘密
2	2019年10月25日	家校共力，合力支持
3	2019年12月20日	做幸福家长
4	2020年2月10日	居家学习期间学生情绪行为处理办法
5	2020年2月23日	线上居家期间情绪行为问题的处理
6	2020年9月15日	动作障碍学生的居家康复（一）
7	2020年9月16日	语言障碍学生的居家康复（一）
8	2020年10月13日	家校特殊情况处理流程
9	2020年11月10日	孤独症学生情绪行为处理办法
10	2020年12月20日	学生成长情况总结汇报
11	2021年3月6日	父母如何养成正确的教养方式和教养态度
12	2021年5月10日	动作障碍学生的居家康复（二）
13	2021年6月23日	语言障碍学生的居家康复（二）
14	2021年7月9日	2022年新生家长和孩子如何快速适应学校生活
15	2021年8月29日	家委会如何处理家校工作
16	2021年9月28日	特殊儿童家庭教育的干预
17	2021年10月16日	学校饭堂管理提议会
18	2021年10月20日	学校午托管理提议会
19	2021年11月22日	学生行为问题处理策略

2.深化校本教研（表6-4）

调查发现，目前我校三年以下教龄的教师占57.1%，缺乏家校工作经验是阻碍家校合作的主要原因。为此，我们在原定每周三下午校本教研的基础上增加了家校沟通技巧提升模块。模块的研究方向主要有：一是如何与家长进行有效沟通，二是家校特殊问题的处理办法，三是家庭康复技能指导培训。

表6-4　2022~2023年家校合作校本教研情况统计

序号	时间	教研主题
1	2022年2月8日	居家康复训练不能停
2	2022年2月15日	如何建立良好的家校关系
3	2022年3月6日	网课视频剪辑指导
4	2022年3月10日	与家长有效沟通的策略
5	2022年3月13日	年部线上工作怎样分步走
6	2022年3月20日	特殊孩子居家休闲时间计划
7	2022年3月27日	重度个案调查情况汇报
8	2022年4月10日	重度个案研究计划汇报
9	2022年4月17日	如何克服网课疲惫期
10	2022年4月30日	情绪行为问题的处理办法
11	2022年5月7日	重度个案研究计划实施情况
12	2022年7月15日	特殊学生行为问题的处理办法
13	2022年9月15日	特殊教育教师师德培训
14	2022年10月29日	动作障碍学生居家康复技能提升（一）
15	2022年11月3日	语言障碍学生居家康复技能提升
16	2022年12月30日	学生成功案例分享
17	2023年3月10日	孤独症学生社交技巧
18	2023年4月15日	特殊儿童性教育
19	2023年5月28日	动作障碍学生居家康复技能提升（二）

（三）多样路径：深度参与教育活动

《关于健全学校家庭社会协同育人机制的意见》明确提出家长切实

履行家庭教育的主体责任包含主动协同学校教育。为了进一步创新家校合作模式，调动家长参与家校活动的积极性，知明学校开辟多样化参与路径，引导家长主动深度参与教育活动。

1.资源参与：挖掘家庭资源，整合开发教育资源

家庭是构建社会系统的最小单位，拥有多样的教育资源，既有父母的职业、家庭所处的社会环境及自然环境、家庭生活安排等显性的物质环境教育资源，也包含家长的品德情操、行为规范、家庭成员之间的关系以及家长本身的兴趣爱好、教育态度等隐性的精神环境教育资源❶。

培智家庭较普通家庭而言有着丰富的优势资源。第一，相较于普通学生，培智类学生的自理能力差，照顾者的时间以及精力投入更大，因此培智家庭拥有较多的人力资源。照顾者多为女性，兴趣爱好集中在手工、面点、十字绣等，如果能充分利用、开发相关的手工、家政课程，可以丰富学校培智课程。第二，很多培智生在到校就读前，父母带着辗转全国各大医院、康复机构进行康复治疗，部分家长对学生的障碍很有研究和心得，若能为其提供平台，让家长充分交流，分享经验，也能促进家长之间的互相学习❷。许家成教师指出，课程标准首先要体现在学生生活的真实环境中，在现实生活中加以利用❸。家庭作为学生成长的重要环境，能够为学校教育提供多样化的真实教学素材。比如，家庭成员、家中常用物品以及家庭活动等，都可以通过信息化手段处理，整合为宝贵的教学资源。

知明学校通过挖掘培智家庭丰富的资源，通过组织家长沙龙（见表6-5）为家长提供交流平台，实现家庭教育优质资源共享，同时积极开发家校社协同特色课程，如劳动教育、社区课程以及烹饪等特色课程，通过有效

❶ 唐国锋，殷晨艳.浅谈家庭教育资源的利用［J］.教学与管理，2004（23）：42-43.

❷ 刘全礼，张阿妮，周旭，等.培智学校家校合作沟通方式倾向性调查研究［J］.新疆教育学院学报，2021，36（2）：8.

❸ 许家成.培智学校义务教育课程标准的基本特点［J］.现代特殊教育，2017（1）：8-9.

利用家庭教育资源，不断更新家长的教育观念，丰富家庭活动内涵。

表6-5 2022~2023学年家长学校家长沙龙内容

序号	活动主题	分享人	时间
1	如何克服分离焦虑	一（1）班家长	2022年3月
2	家庭亲子活动分享	一（2）班家长	2022年4月
3	让孩子成为生活的小主人	二年级家长	2022年5月
4	如何培养兄弟姐妹间的感情	三年级家长	2022年6月
5	家庭劳动习惯的养成	四年级家长	2022年7月
6	亲子阅读方法分享	五年级家长	2022年9月
7	跟电视依赖说再见	六年级家长	2022年10月
8	青春红绿灯	七年级家长	2022年11月
9	孩子的家庭厨房	八年级家长	2022年12月
10	假期生活作息规划	九（1）班家长	2023年3月
11	孩子的毕业生活规划	九（2）班家长	2023年4月

2.行为参与：家校共行动，同筑成长路

（1）开展一对一家访活动

为充分了解学生成长的社区生态环境，班主任每学年都会对每名学生开展至少一次一对一家访活动，切实了解每名学生的家庭状况、学习环境、学生的个性及在家的表现，掌握更真实、更全面的学生情况，了解家长的养育方式、希望、要求以及教育方法等，从元生态考查学生的学习需求与支持体系的构建，为学生的教育教学设计和转衔活动支持提供基础。

（2）召开一对一家长会

知明学校通过邀请家长以及各专业团队通过跨专业团队整合，为每个家庭召开一对一的"和"综合研判会议。学校联合家长共同研讨学生的现有能力、优弱势能力，并结合家长需求、生态环境等综合因素，明确学生的长期发展方向，结合"和"课程，共同为学生制订个别化教育计划。

（3）举办丰富的家校活动

为促进家校之间的合作与交流，让家长能够具体了解学校的教育内容和方法，帮助家长了解学生在校的活动情况以及学习的进度，充分参与学校各项管理工作。知明学校主要开展了家长开放日、主题统整亲子活动、亲子社区活动（表6-6）。

表6-6　2020—2021年家校活动情况统计

序号	活动主题	时间
1	班级家校开放日	每周一班
2	健康生活我能行（家庭生活）	2020年2月
3	我的假期生活（假期家庭生活）	2020年3月
4	云上生活（家庭学习）	2020年4月
5	快乐的夏天（社会生活）	2020年5月
6	做好防疫，健康开学（校园生活）	2020年6~7月
7	我是防疫小卫士（学校生活）	2020年9月
8	（小学部）我是少先队员（个人生活） （中学部）我会去医院看病（社区生活）	2020年10月
9	同运动，共成长——融合运动会（家庭生活）	2020年11月
10	元旦联欢会（社会生活）	2020年12月
11	（"花香"、校园之星、文明礼仪、职业之星、广州早茶），进我班（学校生活）	2021年2~3月
12	（小学部）我的身体最神气（个人生活） （中学部）距离产生美（个人生活）	2021年4月
13	舌尖上的知明——美食节（家庭生活）	2021年5月
14	和你一起，秀出精彩——艺术节（社会生活）	2021年6~7月
15	和你一起读书（亲子读书节）	2021年9月
16	我和我的祖国（社会生活）	2021年10月
17	融合运动会（亲子运动会）	2021年11月
18	学校管理午托、饭堂等事务商定（家校管理）	2021年11月10日
19	我"和"广府年味（社会生活）	2021年12月

（4）拓展社区活动（表6-7）

表6-7　2021—2022年社区活动情况统计

序号	活动主题	时间
1	班级社区体验活动（学习做出行计划、准备物资、乘坐交通工具、公共礼仪、社区资源使用等）	每周一次
2	社区职业体验活动（到工疗站、麦当劳、万达餐厅、洗车店、益力多等单位进行职业体验）	每月一次
3	社区志愿活动（小区垃圾分类、社区清洁、敬老活动等）	每学期一次
4	社团嘉年华爱心义卖活动	每年一次

家庭、学校和社区共同构成了人的生态环境，特殊学生的成长离不开社区的支持，社区是支持特殊教育与发展的生态环境，特殊学生在日常生活中享有成功和快乐的程度不只取决于学校和家庭，在很大程度上取决于周围社区公民的态度与行为。社区支持主要表现在社会大众对特殊学生的接纳、包容与理解，提供给特殊学生家长的物质、精神等方面的支持，为家庭减少来自社会等方面的压力。根据家长访谈情况及学生的社会适应需求，我们主要进行了四个方面的社区适应活动：一是社区环境认识及体验，二是社区职业认识及体验，三是社区志愿活动，四是社区义卖活动。

3.评价参与：家长、家庭参与学校教育评价全程

（1）家长作为评价主体参与学校教育评价

在"元元共生"家校合作模式下，家长作为学校教育的全程参与者，能够直观地感受到学校教育的效果，并且能够对学校教育进行过程性评价以及总结性评价。以"劳动为犁，深耕梦想"劳动体验活动为例，知明学校邀请家长以及学生共同参与亲子劳动体验活动，通过活动共同检核学生本月教学目标。在活动结束后，家长可以根据自己的观察以及体验填写"广州市黄埔区知明学校亲子劳动体验活动意见反馈表"，参与劳动教育活动的评价，对"劳动为犁，深耕梦想"劳动体验活动进行即时反馈。而学校可以依据家长的即时反馈获取劳动教育效

果，并根据不足对教育活动做出适当调整。

附：广州市黄埔区知明学校亲子劳动体验活动意见反馈表

尊敬的家长：

感谢您的积极参与！请您在亲子劳动体验活动结束后，认真填写该表，并交给班主任老师。

1.您对本次"亲子劳动体验活动"的满意度。（　　　）

A.很满意　　　　B.较满意　　　　C.一般　　　　D.不满意

2.活动形式、内容是否合适？（　　　）

A.很合适　　　　B.较合适　　　　C.一般　　　　D.不合适

3.通过活动，您对教师劳动教育的方法和表现。（　　　）

A.很满意　　　　B.较满意　　　　C.一般　　　　D.不满意

4.您觉得孩子在劳动教育中有哪些收获？（可多选）（　　　）

A.掌握劳动技能　　　　　　B.树立正确劳动观念

C.养成劳动习惯　　　　　　D.获得劳动快乐

E.其他

5.您期待后续看到学校以什么形式组织劳动教育主题活动？（可多选）（　　　）

A.劳动技能大赛　　　　　　B.亲子活动

C.学校/社区劳动实践　　　　D.劳动研学

6.本次活动后，您计划让孩子做家务的频率是？（　　　）

A.基本不让做　　B.一个月　　　　C.一星期　　　D.每天

7.您对学校是否有其他意见或建议：＿＿＿＿＿＿＿＿＿＿＿＿

（2）家庭教育作为评价内容参与评价

家庭教育是学生学习成长的重要环节。培智家庭拥有丰富的优势资源，因此把家庭教育作为评价内容让家长进行评价，更利于培养特殊学生的学习观念，提升学生的生活技能，为学生的未来发展创造良好的家庭学习环境。以学生的假期一日生活为例，合理规划家庭生活作为学生的重要能力发展目标，我们可以借助家庭教育的力量实施和评价。家长通过引导学生在校自主制定家庭一日生活规划表（表6-8），把家庭教育作为评价内容，由学生在家庭生活规划执行后进行自评并且邀请家长进行评价。在评价的过程中，家长不仅能了解学生的学习情况，还能找出家庭教育的不足，加深亲子交流、家校交流，从而调整家庭教育方法，更新家庭教育理念。

表6-8　家庭一日生活规划表

家庭一日生活规划表			
时间	活动	自我评价	家长评价
早晨 7：00～9：00	起床、刷牙、洗脸	☺ ☹	☺ ☹
	吃早餐	☺ ☹	☺ ☹
上午 9：00～11：00	写作业	☺ ☹	☺ ☹
	休闲活动	☺ ☹	☺ ☹

家庭一日生活规划表			
时间	活动	自我评价	家长评价
中午 11：00~14：00	吃午饭、做家务	😊 ☹	😊 ☹
	睡午觉	😊 ☹	😊 ☹
下午 14：00~17：00	写作业	😊 ☹	😊 ☹
	做运动	😊 ☹	😊 ☹
晚上 17：00~20：00	吃晚饭、做家务	😊 ☹	😊 ☹
	亲子活动奖励时间	😊 ☹	😊 ☹
晚上 20：00~23：00	洗头、洗澡、刷牙、睡觉	😊 ☹	😊 ☹

（四）多元交流：创信息化沟通平台

随着现代科技的不断发展，我国也在不断推进教育体制改革，加大对教育工作的投入及支持力度，其中"互联网+"教育备受瞩目❶。知明学校着眼于当前的"互联网+"教育发展趋势，借助互联网手段创建信息化家校沟通平台，积极探索全新家校共育的信息化家校合作模式，实现家庭教育和学校教育的合作共赢。

1.定期开展信息技术能力提升培训，建设信息化专业教师队伍

为进一步提高教师的信息技术能力，我校邀请专家定期为教师开展信息技术能力提升培训，通过信息化专题讲座，提升教师信息技术的能力，提高不同年龄段教师有效使用多种沟通方式进行家校合作的能力，为探索全新家校共育的信息化家校合作模式，创建信息化家校沟通平台提供强有力的技术保障。

2.打造家校"云"空间，创"互联网+"沟通平台

为搭建家校交流"云"空间，知明学校建立了家委会微信群、家校班级交流群、钉钉家校沟通群，把数百位家庭共同汇集"云"空间。教师通过"云"空间分享教学资源、活动照片等，向家长实时共享学生在校教育情况，开展线上家长会等，同时鼓励家长在"云"空间主动分享学生的家庭生活以及社区生活，加强家长与学校相关教师的沟通交流。2022年我校引领专业教师队伍共同为家长打造线上智慧课堂，通过学校公众号、腾讯会议等线上直播的方式向家长推送线上课程120余节，通过各种线上方式指导家庭康复训练100余次，让家长的学习不再局限于时间和空间。通过"互联网+"沟通平台，我校不断丰富信息化的家校合作渠道，提高家庭教育水平，促进学习型家庭的建设。

---

❶ 武毅欣.论"互联网+"时代的小学家校共育［J］.当代家庭教育，2022（19）：4-6.

第三节　多元共生，家校沟通显成果

在"元元共生"家校命运共同体的合作模式下，学生德、智、体、美、劳全面发展，培养了五育融合的"多元"人才。在家校合作的过程中，教师的家校工作能力显著提升，家长的亲子教育水平突飞猛进。家校工作效果怎么样，最直接、最客观的评价就是学生的成长情况。以下为我校中年部以及高年部成功案例展示。

（一）多元支持，苗壮成长——中年部冯某钧成功案例

《培智学校义务教育课程标准（2016年版）》兼顾智力与发展性障碍儿童全面发展和显著个别差异的教学内容，从智能发展、社会适应和生活实践三个方面，按照学生接受学前教育、基础教育和职业教育的过程规划教学目标系统。基础教育阶段是学生成长的关键阶段，所以本阶段需要家庭、学校以及社区的紧密合作，帮助学生智能发展、提高社会适应能力以及增加生活实践经验，让小苗们苗壮成长。

1.学生基本资料（表6-9）

冯某钧，一名唐氏综合征男生，今年12岁。6岁时开始就读于我校，现所在班级为6年级。经过6年的家校共育，冯某钧从一名懵懂稚气的小孩成长为有担当、有责任感的少年。

表6-9　学生基本资料

基本情况	冯某钧，唐氏综合征，男生。母亲孕期正常，但由于未做唐氏筛查，孩子剖宫产，出生后诊断为唐氏综合征，无其他并发症。整体发育迟缓。4岁时开始行走。目前身体状况良好，视力、听力正常，6岁前无口语表达能力，现口语表达能力较差，有构音异常。冯某钧有明显的语言发展障碍，吐字发音不清晰，但有积极、主动的学习意愿。入学前未接受早期干预，6岁时开始就读于我校

能力现状	冯某钧感官知觉正常，眼睛近视250°，矫正视力正常。粗大以及精细动作能满足其日常生活需要。动作模仿能力较好。注意力集中时间短，记忆力比较差，能配对和分类。能在口语提示下参与大部分集体活动。在语言理解方面，能理解常用的手势语、日常生活用词，能听懂教师和家长的常用简单指令 口语表达：冯某钧能仿说常见物品名称，能做简单句的问答，但口齿发音不清晰，依靠指认实物、指认图卡、手语来沟通，会用简单手语表达。在沟通能力方面，冯某钧的沟通形式多采用口语、手势、肢体语言以及图片进行交流，能表达需求、拒绝以及分享，沟通效度仅熟悉者能理解。情绪稳定，在生活自理方面，能掌握基本的生活自理技能，也能自行进行简单的休闲活动

2.主要问题描述

根据知明学校课程的教育目标，中年段的冯某钧目前口语交流能力欠缺，影响其与同伴交往与亲子沟通；生活技能方面亟须提高生活自理与家事技能，缺乏恰当的休闲技能，社区使用与个人生活的规划安排亟须支持与指导。

（1）解决问题的过程与方法

从冯某钧进入中年段开始，我们定期采用多种形式与家庭进行密切交流，全面分析了冯某钧的优弱势能力并针对冯某钧的能力进行了补偿弱势和挖掘潜能的基础教育。我们积极调动家庭、社区共同参与到冯某钧的教育中，全方位地为冯某钧提供教育支持。

①家校交流定目标。我们积极通过家访、微信、电话、家长会等多种方式与冯某钧的父母进行交流，全面了解冯某钧在家庭生活中的表现，与家长共同全面分析冯某钧的优弱势能力，并提出冯某钧的教育愿景，希望冯某钧能够在基础教育的中年段提高口语交流的能力，学习更多的生活技能，提高生活自理能力，同时能发挥自己的优势能力。培养符合他兴趣爱好的专业特长，为冯某钧将来能够更好地融入社会打下坚实基础。据此，我们综合多方面考虑为冯某钧制定了个别化教育目标，作为我们的教育指导。

②沟通训练补弱势。由于冯某钧的口语能力差导致他的日常沟通受限制，所以我们为冯某钧安排一周2～3节的沟通训练课，发展冯某钧的

口语能力。

在沟通训练课中，语训教师依据以活动为本位的辅助沟通系统三部曲：第一部曲，搜索冯某钧的功能性语汇并制作冯某钧的个人沟通本，对冯某钧进行功能性语汇的训练，增加他的语汇量。第二部曲的训练是提升冯某钧生活情景中的句构能力。在训练中使用点读笔、啾啾语音沟通板等进行语句辅助沟通，提高冯某钧的手势语表达、口语仿说能力、语句长度以及沟通的效果。然后通过选择功能性词汇第三部曲的往复训练，冯某钧能够以正确的沟通方式与人进行沟通。

为了充分利用家庭资源，引导家长参与冯某钧的语言训练中。语训教师把训练过程录制成视频，并协助家长制作家庭版本的沟通本，教授家长相关的训练技能，让家长成为孩子的老师，把冯某钧的沟通技能泛化到家庭，引导冯某钧在家庭以及社区使用正确的沟通方法。

在例行活动中泛化沟通技能，巩固冯某钧的沟通能力。在这个阶段，冯某钧已经掌握常用的语句。语训教师会将冯某钧的沟通技能与班级教师进行交接以及训练技术的转移，让班级教师协助冯某钧发展沟通技能并进行实际生活场景的泛化。让其能在晨点活动、值日任务以及午点活动等每日例行活动中使用沟通板进行口语或者仿说，并进行一字一音的表达，泛化以及发展冯某钧的沟通技能和迁移冯某钧的沟通能力。

③校本课程学技能。针对冯某钧的起点能力，冯某钧从中年部开始，我们便在校本特色课程中传授冯某钧劳动以及烹饪的生活技能。在烹饪课程中，我们会根据学生日常家庭中的家常菜，每周为学生购置不同的新鲜食材，引导学生学习工具准备、食材处理、食材制作、美食享用以及清洗工具等技能。在劳动课程中，我们通过工作分析法把日常的家事劳动技能步骤化，让冯某钧同学能够通过视觉提示逐步学习不同的家事劳动技能。在课后，我们会分享给家长烹饪和劳动的教材以及视频，引导家长在家庭环境中继续对冯某钧的烹饪以及劳动技能进行泛化，不断提升他的生活自理能力。

④挖掘潜能育特长。冯某钧的优势潜能为动作模仿能力较好，因

此结合他的兴趣爱好，他被选拔为学校冰壶队、足球队以及舞蹈队的成员。冯某钧作为学校足球运动、冰壶以及舞蹈队的重点培养对象，学校利用课余时间对他进行特长训练，让冯某钧的特长有机会得到发展。同时，学校努力搭建平台，让冯某钧有机会参与不同的运动竞技比赛以及舞蹈表演比赛，展现自我，增强自信心，使其全面发展。在这个过程中，冯某钧的特长慢慢被挖掘出来，并且获得家庭、学校的一致认可，同时，他能有更多的机会独立接触不同的社会事务以及社会人员，不断地提高社交互动能力以及沟通技能。

⑤社区活动积经验。通过学校的社区活动，以家校共同参与的模式进入学生生活的社区环境，共同为冯某钧创设真实自然的社会实践环境。知明学校为增加学生的社会实践经验，特意开设主题教学形式的社区课程。2020年以前，我们坚持组织每月一次的社区外出活动，同时积极邀请家长一起和学生开展不同的社区体验活动。通过多年开展前往超市购买东西、亲子帐篷节、麦当劳点餐等家校亲密合作社区体验活动，我们为冯某钧创设了家校社合一的社区活动环境，共同陪伴冯某钧走入社区、走进社会，不断丰富他的社会实践经验。

⑥家庭生活齐规划。为进一步加强家校合作，我们根据冯某钧的家庭生活与家长共同制定合理的家庭版一日活动安排表，规划冯某钧的家庭以及社区生活，充实学生的假期生活。在学生的假期生活中，适量安排社区休闲项目，如外出爬山、跳广场舞等学生喜爱的活动，在密切亲子关系的同时提高学生的社区休闲能力。

（2）教学成果

经过以补偿弱势以及挖掘潜能为重点的基础教育后，冯某钧的各项能力都有了很大的进步。

①沟通能力的提高。

a.口语清晰度和句子表达能力逐步提高。一开始，冯某钧的语言清晰度比较模糊，从而影响与人的沟通效果。但由于有点读笔、语音沟通板等沟通辅具的协助，冯某钧通过仿说，口语的清晰度得到提高，从只能表达出含糊不清的1~2字到能表达句子进行有效沟通。

b.减少不恰当的表达方式，正确沟通的动机增强。以前，冯某钧会经常以不恰当的方式表达，如用肢体语言（奇怪的声音、拍打他人、拉衣服等）以及口齿不清的语言向他人表达需求。不恰当的沟通方式往往不会得到很好的沟通效果，所以不良的沟通方式会打击冯某钧的沟通自信心。但是通过语言训练后，纠正了表达方式，冯某钧口语能力的提升有效地增强了他的口语表达自信心和沟通动机。

c.沟通技能成功迁移到学校、家庭以及社区环境。在介入前，冯某钧仅能以肢体动作或者口齿不清的两字词汇与熟悉的人进行交流，通过学校引导的家校紧密合作，冯某钧的家庭为其提供成功的家庭支持。现在冯某钧能使用5个字以上的口语句子在学校、家庭以及社区中与他人进行交流，大大提升了他的社会交往技能，慢慢成长为学校以及家庭的好帮手，为将来融入社会奠定良好的基础。

②生活技能逐提升。通过6年校本特色劳动以及烹饪课程的学习，冯某钧掌握了家庭中常见的家事劳动以及烹饪技能。在烹饪课程中，冯某钧掌握了从基本的煮饭到复杂的西点烘焙，在家里，冯某钧能够为家人烹调一些常见的小菜，成为家里的小伙夫。在劳动技能课上，冯某钧已经能熟练掌握扫地、拖地、擦桌子、洗衣服等劳动技能，并且会积极主动地承担班级的值日任务。在家里以及附近社区，我们会看到冯某钧积极为家庭以及社区作贡献的身影。

③实践经验渐丰富。通过多次社区课程，在家庭、学校以及社区的各种支持下，冯某钧的社区活动范围覆盖整个广州市。如今的冯某钧能够在教师的带领下自主乘坐地铁，在乘坐公共交通工具时遵守交通规则，在公共场合能遵守公共礼仪以及在不同的环境中自然地与他人进行简单的交往等，随着社区实践经验的丰富，冯某钧的社会适应能力不断提升。

④专业特长获认可。根据学生的兴趣爱好以及特长，学校为学生的足球、冰壶、艺术表演搭建了多元平台。冯某钧经过训练后，有机会

参加了校、区、市、省的各项比赛，成功获得了"珠三角特殊教育学校体育联盟"冰壶团体赛第三名、男子立定跳远第八名、"艺起来，粤精彩"瑕之美特殊孩子艺术节"优秀奖"等多项荣誉。冯某钧的表现优异，德、智、体、美、劳的全面发展不仅获得学校、家庭的认可，还获得黄埔区的认可，今年被评为黄埔区"优秀学生"！通过一系列的训练，冯某钧的潜能得到开发，他的专长被发现、被认可！

（3）反思和进一步发展方向

通过学校和家庭6年的用心浇灌、共同孕育，冯某钧的沟通能力、生活技能以及专业发展等各方面进步显著，他成功地从一颗"小种子"慢慢成为一棵"小树苗"。冯某钧成为"小树苗"，预示着我们家校共育迈向成功的一小步，但是"小树苗"仍需学习独立面对无数的"风吹雨打、日晒雨淋"，才能成为大树，所以我们家校共育还有很远的路要走。在过去6年的家校共育道路中，我们以学生为中心进行了一系列沟通能力以及专业特长的发展，在接下来即将到来的高年部生活中，我们更要紧紧围绕学生的职业方向，家校紧密合作，共同培养冯某钧的职业素养以及职业能力，让他能够真正有机会走向社会，为社会作贡献，成为"参天大树"，实现生活自理。

（二）元元共生，小树成材——高年段钟某彪成功案例

智力障碍学生的毕业安置是特殊教育学校和家长都非常关心的问题，能成功就业、自食其力是家长们的殷切希望，更是智力障碍学生提高社会地位、实现自我价值的途径。解决智力障碍学生的就业问题，需要学校、家庭和社会通力合作，做好职前教育、转衔支持和就业过程中的持续跟踪支持。

（1）学生基本资料（表6-10）

钟某彪同学出生于2003年1月15日，在普校就读三年后于2012年9月1日进入我校学习。经过9年的家校共育，曾经的懵懂少年逐渐成长为独立、自主、热情、积极的帅小伙，同时他面临着毕业之后如何安置的问题。

表6-10　学生基本资料

基本情况	2003年1月15日出生，出生时无异常。当家长发现孩子异常情况后，未进行早期干预。2009年入学萝峰小学，入学3年，在2012年就读于广州市黄埔区知明学校。2013年经残联评估鉴定为智力障碍一级。家住广州市黄埔区孟田村，家庭成员有爸爸、妈妈、姐姐，家庭周边有成熟的社区环境
能力现状	感官知觉正常，粗大动作和精细动作都能满足日常生活要求，经常参加学校各类运动、舞蹈等比赛，进行手工艺品的制作。沟通能力能满足日常生活所需，能进行基本的交流，语言的流畅度有待提升。认知水平处于抽象概念阶段。能照顾自己的生活起居，并且能承担简单家务，如炒菜、煮饭、洗衣服、晾衣服等。日常中情绪相对稳定，但当受到他人批评或是遇到挫折时，容易情绪波动，出现排斥、抵触的现象。人际交往表现较好，能帮助其他同学，能与其他同学共同完成工作任务，偶尔会出现不耐烦的情绪
职前素养评估	在工作人格上，习癖、动机、洞察力、出席、准时、愉快、竞争心、专注力、自我评价等是优势，工作人格中的礼貌、谨慎、节约、责任感、可靠性、决断力、忍受挫折和克服压力等有待提升。在工作能力上，感官知觉、动作、沟通是优势，工具使用和工作环境的适应需进一步学习。在社区独立生活技能上，卫生保健、购物消费、社交能力、家庭维护行动能力是优势，金钱管理、公民活动和休闲生活有待提高

（2）主要问题描述

根据钟某彪同学的能力现状和职前素养评估，学校和家庭一致认为其具有竞争性就业的可能，如何发挥钟某彪的优势能力，弥补其职业适应的不足，并获得社区中就业单位的支持是钟某彪同学毕业转衔阶段要解决的主要问题。

（3）解决问题的过程与方法

从钟某彪同学进入中学段起，我们就引导、了解其本人意愿，发掘其优势特长，积极通过家访、家长会等形式，征询家长的意见和期待，并深入其所居住的社区，寻找就业实习基地和可能的就业场所，给予钟某彪一系列的就业支持。

①个人家庭聊愿景。通过对钟某彪本人和家人进行多次深入访谈，我们了解到，家人希望钟某彪毕业后可以进入社会独立工作，能自食其力，为家里分担经济压力，但不知道他可以做什么，家里也没有什么资源可以给钟某彪提供；钟某彪本人也想毕业后可以自己出去工作，自己赚钱养活自己。基于钟某彪本人和家长的期待，学校将其毕业转衔教育

的重点放在职业教育上。

②职业评估找起点。要想为钟某彪同学提供精准的支持，需要基于精准的教育诊断和课程评估，我们通过生态环境评估、学习特质诊断、职业教育课程评估，分析钟某彪同学的起点能力，评估未来职业发展的可能性。通过生态环境评估了解到，钟某彪同学生活在广州市黄埔区孟田村，周边有黄埔区图书馆、成熟的农贸市场和以锐丰中心、奥园广场和萝岗市场为中心的丰富商圈，钟某彪同学能独立在社区内行动，使用社区内的图书馆和部分消费场所；钟某彪在家中能生活自理，会适当帮忙做家务。通过学习特质诊断和职业教育课程评估，我们了解到钟某彪同学的优弱势、学习特质和学习起点，为钟某彪同学制订个别化教育计划，开始其职业觉知之旅。

③职业样本攒经验。智力障碍青年就业成功的关键往往不是专精的职业技能，而是良好的工作人格与独立适应生活的能力。我们期待，当有就业机会时，在个别化支持下，钟某彪能具备一般工作技能、遵守工作规范、独立适应工作生活。通过选择适合的职业样本，在职业样本的学习中发展适当的工作人格和适应能力。根据钟某彪同学的职业教育课程评估，通过职业觉知阶段的学习，我们选择了汽车美容、西点烘焙和公共卫生清洁作为典型的工作样本，作为其职业探索阶段的主要内容。在校期间重点发展其工作人格和工作能力，特别是工作品质、人际关系的提升。与此同时，钟某彪的父母在教师的指导下，重点发展钟某彪同学的独立生活技能，比如，大额金钱的管理、社区内独立乘车、一日作息时间的自主安排等；改变教养态度，对钟某彪多鼓励少批评，让其承担部分家庭事务与责任。

④家社支持找实习。通过职业觉知和职业探索阶段的学习后，钟某彪同学进入职业训练阶段。通过对其生活社区的深度走访，我们找到一家汽车服务连锁店，与钟老板进行多次沟通，表达我们的实习意向，也了解岗位职责与要求，钟某彪同学顺利通过面试获得了实习机会，并在钟老板的支持下开展实习工作。钟某彪同学在返校上课期间，教师会根

据其在实习中遇到的问题、实习老板反馈的情况，给予个别辅导和重点教学；家长则在其工作出行、作息安排和自主备餐上进行辅导。在家校的配合下，以及汽车服务连锁店老板和同事的支持下，钟某彪同学从一开始的业务生疏、怯于沟通，到逐渐开始适应实习工作和生活，洗车技能愈发熟练，也能就基本的工作问题与同事和老板进行沟通，并在实习期结束后，拿到了第一笔工资。来自顾客、老板、家人和教师的肯定，来自工资的喜悦，让钟某彪同学自信地从校园转向职场。

⑤融入社会去工作。2022年7月，钟某彪同学迎来毕业，毕业后他能否顺利走入职场，实现自己和家人的期待，牵动着大家的心。由于有汽车服务连锁店的实习经历，钟某彪求职第一意向便是洗车相关岗位，但因多种因素影响，社区周边包括原实习单位在内的店铺，都没有可应聘的岗位。综合分析钟某彪同学的特质、西点烘焙和公共卫生清洁的学习经历以及社区的就业机会，钟某彪同学决定去麦当劳面试。通过大量的模拟练习，充足的准备后，钟某彪去位于锐丰中心商圈的麦当劳面试，被成功录用，通过试用期后，钟某彪开启了正式的职业生涯。每日准时到岗，一丝不苟地完成岗位工作，尽管在这个过程中也有不少困难和辛苦，但钟某彪都一一克服，并时常与我们分享自己的工作生活动态，逐渐完成职场的初适应。

（4）家校社共育的成果

①学生适性成长。在家校社的通力合作下，我们充分考虑元生态和学生的多元发展，系统实施个别化教育，以满足钟某彪同学多样性的教育需求，钟某彪同学也在这个过程中获得了适性成长。钟某彪同学多次代表学校参加珠三角运动会、融合足球比赛、冰壶比赛、文艺会演等活动并获得优异的成绩；沟通能力、自信心逐渐增强，从胆小羞涩变得落落大方，愿意在人前展示与分享；独立生活能力和社区融入能力逐渐提升，生活完全自理，能为家人做美味的三菜一汤；能独立出行，逛香雪公园、逛黄埔图书馆，是一位遵守社会公德的好公民。

②学生成功就业。从汽车服务连锁店的实习工作到麦当劳的正式工

作，能成功就业是对钟某彪，也是对我们最大的鼓舞。在学校、家庭、社区的共同支持下，我们充分挖掘钟某彪同学的潜能，成功对其开展从校园入社会的转衔教育，以及就业初期的支持。在毕业后，钟某彪同学还作为优秀毕业生代表被邀请返校进行就业分享，给师弟师妹们讲述就业中的小故事，给师弟师妹们指导与鼓励，期待有更多的同学能像他一样，毕业后能踏入职场、融入社会。

③家社一致好评。钟某彪同学能成功就业，父母的期待如愿达成，家长不止一次在电话和面谈中表达对班级教师和学校的感谢；同样，我们也感谢在其教育过程中一直有家长的支持与配合，才能达成最后的愿望。不管是实习单位还是正式工作单位的主管和同事，都以尊重、平等的态度对待钟某彪，以包容和支持的方式引导其工作，也对钟某彪的踏实、诚恳、善良与勤奋给予一致好评。钟某彪以自己的劳动为家庭贡献一份力量，以自己的善良与同事良好相处，以自己的敬业为顾客提供专业服务，使其在工作中获得了报酬，更获得了幸福。

（5）反思与建议

苏霍姆林斯基曾说："没有家庭教育的学校教育和没有学校教育的家庭教育，都不可能完成培养人这样一个极其细微的任务。"家校沟通是实现高质量学校教育和良好家庭教育的纽带。在学生面临毕业转衔的特殊时期，家校合作就更不可少，要充分考虑学生家庭、社区的元生态，精准评估学生的基础能力，充分开发学生的多元智能、挖掘学生的潜能，以帮助学生在现有的台阶上更进一步，到达人生的更高阶段。回看钟某彪同学的成长历程，我们的工作还有需要提升的地方，比如，可以更早地进行阶段规划、在职业觉知阶段提供更多的工作样本、家校社的沟通和支持可以更细致更系统等。我们要总结钟某彪同学教育历程中的成功经验与不足，更要在后续的工作中，进一步以"元元共生"家校合作模式，服务于有特殊教育需要的学生，让他们在元基础上，成长为好帮手、好家人、好公民。

第七章

"同行·同向·同步"的教师成长研修制度

第一节　和大爱同行：校本培训分段、分层

特殊教育教师要强化责任担当，努力完善自身素养、锤炼师德，以生为本、积极致力于学生发展，加强家校社协同，创设良好的教育环境，对标《指南》的要求，努力将特殊儿童培养为自尊、自信、自强、自立的国家有用之才❶。

培智学校教师专业能力的发展水平直接关系到培智学校的未来发展以及特殊教育的质量，提升教师专业能力，成为建设培智学校教师队伍、提高培智学校教师专业化水平的重要课题。"触碰心灵的好课程会让人终身受益"。我校课程建设过程中对课程目标的确定、课程体系的搭建、课程资源的开发、课程教学的实施、核心素养的落地等，无不考验教师的综合水平与专业素养。在《广东省"十四五"特殊教育发展提升行动计划》指导下，依据《特殊教育教师专业标准（试行）》和《特殊教育办学质量评价指南》，以"人道为本，和谐发展"为宗旨，基于师生的成长、植根学校的发展，根据学校的办学实际，发现学校发展过程中存在的问题，寻找学校发展的新增长点。我校整体构建了"同行·同向·同步"的教师成长研修制度，教、科、研、训一体化，形成教师发展共同体，培养有理想信念、有道德情操、有扎实学识、有仁爱之心的"四有"好教师，造就一支师德高尚、业务精湛、结构合理、充满活力的高素质专业化特殊教育教师队伍。在学校课程建设及实施过程中，教师素养也得到提升，携手共赢，让课程闪耀智慧之美。

教师专业能力的发展主要有三种途径：一是赴高等师范院校脱产培训，分为长期和短期两种；二是远程网络培训；三是校本培训，而校本

---

❶ 王雁.强化特殊教育教师落实《指南》的职责与担当［J］.现代特殊教育，2023（11）：8-9.

培训是发展教师专业技能最有效的途径之一❶。校本培训是在教育行政部门、教师业务培训部门和有关专家的指导下，为了提升教师教育教学和教科研能力，促进学校发展，以学校为中心，以校长为第一责任人，由学校的一定机构进行组织、规划和实施，充分挖掘、利用校内外资源，结合学校实际，采取多种形式，对学校全体教师进行的一种在职继续教育模式❷。根据快速城市化进程中培智学校办学实际、课程建设的需求及学校师生发展实际情况，我校以"构建'新手、熟手、能手、高手'层级递进、互助学习的教师发展共同体，培养一支'师德为先、学生为本、能力为重、终身学习'的高素质特殊教育教师队伍"为总目标，开展分段、分层的校本培训，并构建了校本培训微课资源库。

一、师德为先，厚植特殊教育情怀

爱，是人类永恒的主题，是教育的灵魂，是教育的底色。陶行知先生曾说："爱是一种伟大的力量，没有爱就没有教育！"特殊儿童的成长之路有诸多不易，不同的障碍让他们不能像普通儿童一样完整地感知和认识这个世界，每个特殊儿童背后更是有整个家庭的艰辛付出。特殊教育教师没有桃李满天下的成就，甚至经常会有层出不穷的新问题带来的挫败感。但对于每一个特殊儿童和家长而言，我们所提供的教育可能会改变一个儿童的人生轨迹，提升整个家庭的生活品质，特殊教育教师必须拥有大爱之心、强烈的使命感与责任感。我们要厚植特教情怀，把对特殊教育的激情沉淀在心，将对特殊儿童的大爱之心转化为默默付出、坚韧不拔、无怨无求的行动意志，追求专业的成长，做好学生成长道路上的引路人。

《特殊教育教师专业标准（试行）》指出，教师要热爱特殊教育

❶ 梁平.校本教研践与行：教师专业发展的实践与探索［M］.长春：吉林人民出版社，2019：37.
❷ 张吉惠，龚华炯.基于学校特色的校本培训的设计与实施策略［J］.教育理论与实践，2019，39（17）：21-22.

事业，具有职业理想，践行社会主义核心价值观，履行教师职业道德规范，依法执教。教师要具有人道主义精神，关爱残疾学生，尊重学生人格，富有爱心、责任心、耐心、细心和恒心；为人师表，教书育人，自尊自律，公平公正，以人格魅力和学识魅力教育感染学生，做学生健康成长的指导者和引路人。特殊教育教师在专业理念与师德领域方面要提升"职业理解与认识、对学生的态度与行为、教育教学的态度与行为、个人修养与行为"四大领域的能力。

无论是刚入职的新教师，还是有丰富教育经验的老教师，师德师风培训都是必不可少的项目，不断为教师内心"添柴"，唤醒教育激情。

（一）党建引领铸师魂

中央组织部、教育部党组联合印发《关于加强中小学校党的建设工作的意见》指出，要"做好教职工思想政治工作。深入开展中国特色社会主义和中国梦宣传教育，加强党史国史和形势政策教育，引导教职工增强政治认同和教书育人责任感……推进师德师风建设。强化社会公德、职业道德、家庭美德、个人品德教育，注重培育宣传师德标兵、教学骨干和优秀班主任、德育工作者等先进典型，引导教师争做有理想信念、有道德情操、有扎实学识、有仁爱之心的好老师"❶。知明学校支部委员会以此为指引，充分发挥基层党组织的先锋堡垒和政治核心作用，加强党团队联合，依托形式多样、内容丰富的活动，如支部书记、党员教师上专题党课等，把师德、师风建设作为重要内容纳入教师思想政治工作全过程。

（二）专业培训强师德

根据教育部2020年印发的《中小学教师培训课程指导标准（师德修养）》，参考中小学教师师德修养培训课程的内容框架，结合《特殊教育教师专业标准（试行）》对专业理念与师德的要求，以理想信念、道德情操、扎实学识、仁爱之心为一级指标，构建了我校师德培训课程专

---

❶ 关于加强中小学校党的建设工作的意见［EB/OL］.（2016-09-29）.

题，以全校培训、分组培训、线上自主学习等多种形式，开展相关培训学习（表7-1）。

表7-1 师德培训课程

一级指标	二级指标	培训主题
理想信念	爱国爱党	1.习近平新时代中国特色社会主义思想 2.中华优秀传统文化与社会主义核心价值观 3.国家意识与国际视野.
	爱岗敬业	1.教育理想与教师角色 2.特殊教育教师的职业认同 3.守护生命与关爱生命
	乐于奉献	1.教师自我修养 2.教师职业生涯规划指导
道德情操	为人师表	1.道德榜样与行为示范 2.人文素养与人格魅力 3.教师心理调适与辅导
	团结协作	1.集体意识与学校建设 2.良好师生关系的建设 3.家校社协同育人
	廉洁自律	1.法治意识与依法执教 2.自我觉察与诚实守信
扎实学识	严谨治学	遵守学术规范
	科学施教	遵循规律，科学育德因材施教，尊重差异
	与时俱进	1.教育改革与发展前沿 2.新时代的教师信息素养
仁爱之心	以人为本	1.特殊儿童心理 2.儿童发展里程碑
	关爱学生	积极行为支持
	公平公正	学生基本权利的保障

（三）师德考核促成效

为进一步加强教师职业道德建设，激励全体教师以"有理想信念、有道德情操、有扎实学识、有仁爱之心"为准则，力行师德规范，提高师德修养，弘扬高尚师德，我校特制定了《广州市黄埔区知明学校教师职业道德考核办法（试行）》，坚持客观公正、民主公开、定性与定量相结合的原则，每年以自评与他评的方式，对教师进行师德考核工作，充分发挥考核的激励导向作用，并将考核结果作为教师资格注册、岗位聘用、职称评聘、职务晋升、绩效考核、评优评先等的重要依据。

我校通过党建引领师德师风建设，一支热爱特殊教育事业、具有职业理想、践行社会主义核心价值观、履行教师职业道德规范、依法执教、具有扎实专业基础的教师队伍基本成型，并有多名教师荣获"广东省特殊教育优秀工作者""广东省特殊教育优秀教师""广州好人"等称号，我校青年教师代表高学思更是从广州到佛冈，传帮扶之情，承支教之美，用爱心和奉献谱写支教之歌。

二、分段分层，实现教师梯度成长

《中小学教师培训课程指导标准（专业发展）》指出："中小学教师专业发展培训应以教师专业发展的阶段特征为基础，以发展水平为依据，根据教师专业发展的阶段进行递进式设计。为强化培训内容的针对性和系统性，应依据教师专业发展的不同水平，设计不同层次的培训课程，促进教师持续发展。"❶

在学校课程建设和教育教学活动开展中，遇到了很多困难，教师专业发展遇到瓶颈，主要表现在：师资结构不合理；新进教师特教技能不足；原普校系统教师缺乏特殊教育专业理论知识；教师专业成长缺乏引领；还未有骨干教师成长为教练教师；以个别化教育为核心的课程建设未真正落实，浮于形式等。为帮助我校教师终身学习，在持续发展理念指引下，通过合理规划自身专业发展目标，借助多样化学习途径，掌握教师专业发展知识和技能，实现自身专业理念、专业知识和专业能力等全方位提升，知明学校设计了分段、分层的专业培训计划。

---

❶ 教育部办公厅关于印发《中小学教师培训课程指导标准（师德修养）》等3个文件的通知［J］.中华人民共和国教育部公报，2020（9）：30，50-175.

（一）找准专业定位，分段实施培训

培智学校教师要做到一专多能，既要拥有《特殊教育教师专业标准（试行）》所规定的专业知识与专业技能，也要有清晰的专业发展定位，如核心课程教学、康复训练、艺术疗愈等，在自己感兴趣与擅长的领域，深挖深究，使整个教师团队成长为一个完整的有机整体，协同为学生提供服务。

结合学校的岗位安排、教师的专业背景和拟重点发展的领域及学生需求分析，以夯实专业理论基础、提升特教专业技能为目标，分三个阶段逐级递进设计培训主题框架。第一阶段以掌握基础理论与技能为主，包括学生发展知识、教育教学知识、通识性知识和学科知识等，环境创设与应用、教育教学设计、家校沟通等必备技能；第二阶段以更新教学理念、提高专业技能为主，在一定的工作实践基础上进行深入学习；第三阶段以增强创新与创造、应对教育改革为主。三个阶段的培训学习，通过"理论—实践—反思—提升"四个环节，提升教师的专业素养。

以《特殊教育教师专业标准（试行）》为基础，再分类细化专题培训，以帮助教师形成系统性支持体系和特殊教育核心技能，比如，教育诊断与评估、个别化教育计划的制订与实施、教学设计、班级经营、主题环创、学生行为管理、家校沟通、康复训练等。确定系列培训主题后，进一步细化不同岗位教师的必备技能和需要加强的能力，以集体培训与分组培训的形式，线下与线上、学习与操作有效融合，促进教师快速成长。

（二）定位能力素养，分层阶梯成长

1.确定分层培养目标

根据不同教师的特教工作经验与现有专业素养，将学校教师定位为"新手教师、专业教师、骨干教师、教练教师"四个层级，各层级培养目标如下。

①新手教师。从适应走向规范，能掌握教育教学基本规范，做到熟悉课程、熟悉教育教学流程、熟悉环境创设、熟悉学生、熟悉家长、熟

悉同事、熟悉自身身份。采取师徒制，让新手教师站在骨干教师的肩膀上快速成长。

②专业教师。从规范走向成熟，能把握以IEP为核心的课程开展，能把握学生的学习特质、思维特点和成长规律，能设计可行的教育教学方案，能有效管理学生和班级，能参与教研和课题的组织和设计，能实现家校有效沟通，能自我反思，并且能够在专家引领和同伴互助的策略下，通过培训和校本研修提升自我。

③骨干教师。从成熟走向娴熟，能参与学校课程的建设，在自己的专业领域承担组长、主持人等工作，能引领、指导新教师的共同发展，能有效引领家校共同成长，并且能够在专家引领和同伴互助下，借力区市教研平台，成长为教育技能娴熟的教师。

④教练教师。从娴熟走向专家，能引领建设学校课程，能对学校课程发展做上层设计，能规范各条工作线路的运行，能在各专业领域起到示范作用，承担教练员的职责。

2.明确教师发展定位

通过自我分析评估与他人评价，并根据教师的实际能力水平，明确自己属于"新手教师、专业教师、骨干教师、教练教师"中的哪一种，并依据每种类型教师的发展目标，制订自己的专业发展三年计划，包括对自己进行自我分析评价、未来三年发展的总体目标、分解到年度的目标、详细的行动计划（包括目标、任务、检测指标、时间），以及期望学校给予怎样的支持与帮助等，为校本培训的设计提供支撑。

3.实施分段分层培训（表7-2）

①新手教师：进行初职培训，包含学校概况和课程规划（理念、目的）、个别化教育计划、教学设计、班级经营的基本流程与操作等专题；与骨干教师结对，在骨干教师的督导下进行教学设计、听评课等活动；阅读《拥抱个别差异的新典范》等书籍，进行读书分享汇报；进行新手教师技能大赛，包括教案设计、公开课展示与教育叙事演讲，由骨干教师进行跟踪辅导，助力新手教师站稳讲台。

表7-2　2019学年的教师发展月历

日期	第一周	第二周	第三周	第四周
8月	\	\	A.观看资源库案例	A.集中培训—参与培训主题相关的研讨发言，无领导小组讨论；填写个人发展计划 B.整理新生档案 C.准备读书内容
9月	开学工作A、C结对	A.听讲概论 B.学各障碍类型干预方法 C.讲概论	A.分享汇报《拥抱个别差异的新典范》章节 B.分享课例 C.分享教学设计的基本流程	A、B、C.教学设计比赛 A、B.选定个案
10月	读书	A.学习学生行为应急处理	A.班级文化创设学习、参加比赛 B.班级文化创设比赛	团队素质拓展
11月	A.学习课题申报流程和开题报告的撰写 B.研究方法学习，准备课题申报 C.指导课题申报流程和开题报告撰写	A、B、C.撰写开题报告 C.评审、修改开题报告	A、B.准备成功案例分享 C.期末评估、IEP制定与修改、综合研判计划	A.成功案例分享 B.成功案例分享：展示季度/年度自己个案成长的记录（PPT、视频、演讲展示） C.成功案例评审，选出优秀案例
12月	A.参与生态评估（家访、整理个案资料） B.生态评估，整理个案档案 C.整理学校生态评量表，团队达成共识	A.IEP个别化教育计划（个案资料整理收集） B.IEP个案汇报/优质IEP C.评量（课程评量/教育诊断）	A.IEP个别化教育计划（个案资料整理收集） B.IEP个案汇报/优质IEP C.评量（课程评量/教育诊断）	培训：专家团队IEP制定与修改、综合研判计划
1月	A.参与班级IEP的拟定 B.拟制班级学生IEP、召开家长会	A、B、C.期末资料整理汇总	\	\
2月读书与开学工作	\	\	A、B、C.观看资源库案例	A.阅读分享 B.编撰学生应急处理手册

日期	第一周	第二周	第三周	第四周
3月公开课	开学工作 A、B、C.阅读各障碍类型学生干预方法的书籍	A.提出教学中不同学生的行为问题与干预过程 B.学各障碍类型干预方法的案例分享 C.带领A层教师解决问题，并提供建议与意见	A.公开课的说课 B.分享说课的流程 C.分享公开课的基本流程和要素	A、B、C.公开课评比
4月奇葩说辩论赛	读书	A.学习学生行为应急处理	A.班级文化创设学习、参加比赛 B.班级文化创设比赛	团队素质拓展
5月招生评估	A.教育情感类电影观看 B.教育情感类电影观看 C.招生资料审核	A.观摩评估 B、C.新生评估	A.观摩评估 B、C.新生评估	A、B.教育情感类影视赏析观后感比赛 C.期末评估、IEP制定与修改、综合研判计划
6月毕业转衔	培训：生态评估专家团队培训、修订与调整	培训：生态评估专家团队培训、修订与调整	A.参与生态评估（家访、整理个案资料） B.生态评估，整理个案档案 C.整理学校生态评量表，团队达成共识	A.参与生态评估（家访、整理个案资料） B.生态评估，整理个案档案 C.整理学校生态评量表，团队达成共识
7月期末工作资料汇总成果展	A.参与班级IEP的拟定	\	\	\

②专业教师：参与专题培训，包括个别化教育课程与教学、孤独症儿童教育、情绪与行为处理、语言康复、动作康复等；参加市各大领域教研组教研；参加学校一师一优课，设计优秀教案，拍摄优质公开课作为校级资源；担任校级专业教研组副组长，完成至少1名个案教育课程并进行个案研究报告的撰写；参与或主持特殊教育专项课题等。

③骨干教师：参加深度培训，对自己的专业深挖，同时进行课程设

180

计、课堂改革、教科研专项培训；担任学校专业教研组的组长，成为市各大领域教研组的核心力量；承担学校课程建设、学科建设的任务，参与或主持规划课题、教育学会课题等项目；一对一或一对二帮带新手教师；参与融合教育培训并进行区域随班就读指导。

④教练教师：以课程建设、科研、成果撰写等为培训内容，以内驱优化为主要培养途径；进行学校课程规划设计，IEP制定与实施的指导、统筹；组织校级以上教研活动；外接专家，根据主题对接专家，组织各专业领域的学习培训，带领专业小组参访学习。

（三）健全激励机制，营造支持氛围

教师的专业发展不仅需要自发的驱动力，还需要外部环境的支持与驱动力。学校根据不同阶段与层级的教师培训目标，重点关注教师的专业发展规划能力是否提高、专业知识是否及时更新、专业实践能力是否提升，采用定性评价与定量评价、过程性评价与终结性评价、自评与他评相结合的多元评价方式，对培训效果进行全面评价，切实提高培训效果评估的系统性和科学性❶。同时，省区市校级都会举办各种类型的教师专业技能比赛，如青年教师技能大赛、个别化教育三项评比、教育教学信息化交流活动、案例征集、论文评选等，鼓励教师积极参加比赛，以竞赛推动专业成长，同时以比赛成果激励教师进一步在专业上追求卓越。

三、输入输出，促进教师持续生长

对于培训学习的知识与技能，能经过亲自实践检验，并融入自己的理解与案例经验，对他人开展培训是检验学习成效最好的体现。为驱动教师接受输入的同时能输出，构建校内培训资源，促进教师持续生长，知明学校以知明讲师团的形式，让每位教师都有机会成为培训讲师。

新手教师以制作与拍摄主题微课为主，以班级管理和课堂教学的某

---

❶ 教育部办公厅关于印发《中小学教师培训课程指导标准（师德修养）》等3个文件的通知［J］.中华人民共和国教育部公报，2020（9）：30，50-175.

一环节为专题，如教学目标怎么写、如何安排晨点活动等，精心设计课件与逐字稿，以5~8分钟的视频进行理论与实践的展示。专业教师以进行二次培训为主，最大限度地利用与共享资源，将外出参加培训积累的优质经验进行梳理和内化，结合自己的实践案例，为校内其他教师提供可借鉴的方法与策略。骨干教师根据已内化的专业知识与技能，一方面对校内教师开展专题培训，如个别化教育计划的制订、常见情绪行为问题的处理、单一被试研究等；另一方面在区域内进行融合教育宣导，面向普校班主任和资源教师，进行特殊教育专业培训。教练教师虽仍在培育中，但期待未来可紧跟教育理念的更新与课程改革，为整个学校、区域特殊教育的发展提供培训资源，引领特殊教育的发展。

校内讲师团的循环实践，提高了培训效率，增强了教师的成就感，也期待学校未来陆续成立"名校长工作室""名班主任工作室""名教师工作室"，通过示范辐射、专业引领、成长探索和教育研究，为骨干教师搭建交流的舞台、成长的摇篮，创建"名师引领、团队合作、共同提高、资源共享、均衡互补"的教师专业发展战略的创新型教师群体。

第二节　和研究同向：教研共同体

教师是一种实践性、情境性很强的职业，它需要实践者自觉地将经验反思和理论探索在实践中有机结合起来，这种推动力来自教师的科研精神、科研方法和科研能力❶。为提升教师的教科研素养，一方面要学习科学、先进的教育理论与教育研究成果并指导教育教学，使日常教育教学工作更加科学合理高效；另一方面要从实际问题出发，将教学问题提炼成研究问题，开展课题研究，促进科研与教研工作有机结合，构建"教、科研、训"一体化的教研共同体，在专家的引领下，针对课程改革与教育教学中的难点、痛点与堵点，开展学习、研讨与实践。

一、市—区—校三级教研共同体

（一）市级引领

在广州市教育研究院德育与特殊教育研究所的引领下，广州市以专业发展的内容体系、个人成长的目标体系为导向，以培训研修、研究反思、自主研发、内驱优化为实施路径，构建立体式培养模式，层层推进的研训方式促进教师专业的可持续发展。同时，由广州市教育研究院领衔，德育与特殊教育研究所邱举标所长为负责人，构建了广东省基础教育特殊教育学科教研基地，我校作为首批七所基地学校之一，深入参与项目教研活动（表7-3）。

---

❶ 梁平.校本教研践与行：教师专业发展的实践与探索［M］.长春：吉林人民出版社，2019：137.

表7-3 项目教研活动

层级	培养对象	培养目标	培养途径	培养内容
基础层	新进教师、特教知识技能有待更新的教师	初步了解个别化教育	通识培训讲座	个别化教育基础理论、特殊教育职业道德、课堂教学方法与策略、特殊教育班级管理
专项层	乐于学习钻研，有一定特教经验的熟手教师	培养个别化教育各方面的骨干教师	有针对性地组织开展系统性专题工作坊（2～3年为一周期）	个别化教育课程、特殊儿童教育诊断与评估、孤独症训练、沟通训练、情绪行为训练、动作训练等
骨干层	热衷于专业成长、有丰富的教学经验和一定科研能力的骨干教师	形成个人教学特色，能推动学校个别化教育的发展	构建专业发展共同体，以沙龙教研的形式组织专题学习研讨（每月一次）	个别化教育的热点与难点问题（如新理念、新课标、新教材的贯彻与落实）
优才层	乐于追求卓越、愿意引领他人的自我实现型教师	师德高尚、理念先进、视野广阔，具备个人教学风格，能引领个别化教育高位发展	以内驱优化为主要途径，进行自我研修、专题讲授、课题研究、专家指导	理论研究、教学改革实践和教育研究相结合

（二）区级共建

广州市黄埔区教研院成立了区特殊教育中心组与区融合教育中心组，打造区级特殊教育教研团队。采取多种方式完善与加强区特殊教育与随班就读队伍建设，促进普特深度融合、普特互助，建立双向交流教研平台，合理划分教研片区，按照资源共享及便利原则，建立以片区教研为核心的教研机制，建立"片区兼职教研员+教研片长"负责制，组织片区教研队伍每月开展一次以上教研活动，组织片区内随班就读教师开展融合教育班级管理、融合教育宣导课、小组课、IEP制定及实施等内容并进行研讨及比赛；以成果培育为导向，加强特殊教育教研内容的针对性与系统性；以赛促研，组织开展区内特殊教育教师技能大赛、特殊教育案例征集、特殊教育成功案例演讲、融合教育资源征集等比赛。

（三）学校聚焦

在市、区教研员的引领下，学校根据课程建设与教育教学的实际需求，聚焦教师在教学中共同关心的热点、难点问题，以培智学校课程标准的落地实施、个别化教育的实施、教材的使用、课堂教学中具体问题研究为切入点，形成校内教研共同体，如年段教研组、跨学科教研组、领域教研组和项目教研组，并鼓励以教研共同体为单位，申报课题开展研究。

二、跨校联合教研共同体

（一）湾区姊妹学校共研

与广州市内培智类学校共研。在广州市教育研究院德育与特殊教育研究所的引领下，各区培智类学校均以提供高质量特殊教育服务、构建个别化教育课程、落地配置学校课程标准为方向，在课程建设与教学实践方面各具特色。知明学校与越秀启智学校、天河启慧学校、荔湾康迪学校、从化启智学校等校开展联合教研活动，包括跟岗学习、异地教学、同课异构、主题培训等形式。跨校教研为各校的教师搭建了一个自我锻炼、相互沟通的平台，增进了各学校间的教学经验交流，达到共同发展、共同成长的目的。

与香港姊妹学校共研。粤港澳姊妹学校缔结计划是由粤港澳三地教育部门合作推进的交流项目，我校自2018年起与香港匡智屯门晨曦学校结为姊妹学校，开展多次两校互访学习与线上教研活动，围绕学校课程构建、环境创设、课堂教学、康复训练等专题开展研讨，以绘本教学"神奇雨伞店"与数学教学"认识时间"为课题，从备课环节到评价反思环节，开展同课异构。以"粤港澳学生诵读中华经典美文表演大赛暨粤港澳姊妹学校中华经典美文诵读"活动为载体，两校以学生经典美文诵读的教学展开共研，有效推进两校学生的爱国主义、中华优秀传统文化和革命传统教育，两校学生作品多次获得区、市一等奖。

案例：黄埔知明——荔湾康迪两校开展校际教学交流研讨

为促进教师专业化发展，提升教育教研实效，加强兄弟学校间教学资源的互动整合，推动学校共同进步和成长，黄埔知明学校杨业斌校长携年轻骨干教师来访荔湾康迪学校，开展校际教学交流研讨，开启两校友好互动交流的新篇章。

当天上午第三节课，黄埔知明学校刘全全老师在康迪学校五年级执教主题课"我会选年货"，她以务实的教学方式、精妙的教学设计，获得五年级同学们的高度参与，体现了刘全全老师扎实的教学功底和深厚的教育底蕴。康迪学校全体主题教师在会议室观看实况录播，精彩的课堂吸引了每位听课的教师。随后刘全全老师结合上课的视频做了精彩的说课和分享，并抛出讨论主题和我校教师互动研讨，现场气氛热烈，交流踊跃积极，放学铃声都没能阻挡教师的互动问答。

下午，黄埔知明学校的赵姬姬主任分享了题为"特殊教育教师成长问题与思考"的讲座，她从一名特教教师应该具备的特质谈起，给大家分享了她从事特殊教育教师工作多年的经验和感想，鼓励大家成为一个更饱满、更有生命力的师者。年轻的高学思老师分享了四好评量表评量介绍与评估应用，详细向大家介绍了四好评量的操作方法、评量的原则、评量结果的分析和短期目标的制定，并通过实操使用四好评量表进行评估，让大家尝试拟定学生的短期目标，现场气氛热烈，教师都表示受益匪浅。

最后，康迪学校的邓达莉校长致辞感谢黄埔知明学校的来访和送教，提升了两校校本研修的效果，并且提议在粤港澳大湾区教育背景下把与兄弟学校的互访互动列入教学常规和学期计划并扎实执行，相互促进，携手同行。

（二）普特融合学校共研

我校作为区特殊教育资源中心，全力构建区域特殊教育融合平台，统筹协调区域内特殊教育资源，协同家校社三方，有效推动区域内一百多所学校的融合教育工作。在普校与特校联合教研工作中，打破"普""特"边界，挖掘"普""特"教育资源，为特校教师和随班就读教师的专业发展提供双向交流平台，普通学校的学科教学经验弥补了特教学校学科教学的短板，丰富了特教学校的环境创设、个别化教学与行为管理的经验，为随班就读工作的推进提供强有力的支持。

（三）教育帮扶学校共研

本着"以强带弱、资源共享、紧密合作、均衡发展"的原则，我校对贵州省黔南州独山县沁元学校、广东省清远市佛冈县启智学校、广东省湛江市遂溪县特殊教育学校三所学校开展教育帮扶工作。以线下和线上相结合的形式，通过协同教研达成以下目的。

第一，进一步改进教学方法，提高课堂教学质量。通过教学活动设计、教学听课评课、班级经营管理、课程评鉴等多项教学研讨，实现教学资源共享，使教师课堂教学能力有所提高，共同提升个别化教学活动的教学质量。第二，进一步加强师资队伍建设，不断提升教师专业化发展水平。三校通过同课异构、专题讲座、跟岗学习、课例分享、教师教学基本技能大赛等形式为教师搭建平台，深入学习特殊教育理论和教学策略，促进三校教师专业化水平的提高。第三，进一步更新办学理念，继续推进学校课程特色建设。以活动为载体，通过专题报告、评比活动、经验交流会等形式进行交流和经验分享，找准富有特殊教育特色的发展方向，确保三所学校沿着特色课程建设的正确方向继续前进。第四，进一步优化教育资源配置，实现优质教育资源共享。整合优质课程资源，收集优秀教学案例以及教科研课件等资源，建立资源库，实现同伴互助，资源共享。

为提升教育帮扶的实效，让帮扶教研工作更具科学性，知明学校课程处申请了广州市教育学会课题"特殊教育精准帮扶实践研究——以黄埔区知明学校帮扶贵州省独山县沁元学校为例"，通过调查研究与行动研究，提炼教育帮扶教研实践的有效路径。

三、校内分组教研

建构深度互动的探究性校本教研文化生态环境是促进"知识学习型教研"向"问题驱动型教研"、"实现从专注'教'到助力'学'的战略性教研目标转变"的外发动力因素❶。为了让教研活动真实发生，校内

---

❶ 康淑敏.信息化背景下的教学方式变革研究［J］.教育研究，2015，36（6）：96-102.

以课程与教学实践中产生需求，以教研共同体的形式进行分组教研，并在组内联合申请一个或多个教育科研课题，以教学实践为研究问题的生长点，以教师行动为优化课题方案的着力点，以教学实例为研究成果的增长点，有效推进和提高教研活动的改革和实效。

（一）分领域组教研

根据学生的需求与教师的专业发展兴趣，紧跟广州市教研院的领域教研分组，校内组建了个别化教育课程组、孤独症儿童教研组、艺能教学组、动作康复组、语言康复组五个领域的教研小组，由教师自主报名加入，并以三年为一个周期进行研训。每个教研组制订组内教研计划，教研形式包括读书分享、微讲座录制、教学课例研讨、学生个案研讨、课题研讨等，根据组内需求进行计划实施。各领域组以成果为导向，完成了多项特殊教育专项课题（表7-4），如个别化教育课程组"游戏教学法在培智学校课堂中的运用与实践"、孤独症儿童教研组"正向行为支持策略改善轻度自闭症儿童社交行为的个案研究"、艺能教学组"奥尔夫音乐治疗在培智学校音乐课堂中的运用与实践"、动作康复组"知动训练提升自闭症儿童课堂参与的个案研究"、语言康复组"图片交换沟通系统对无口语脑瘫儿童沟通能力的成效研究"，各专业组的教学案例或个案研究报告也在省市教学论文比赛或案例征集中多次获奖。

表7-4　个别化教育课程组2022学年教研安排表

月份	教研主题	研讨形式
9月	研读经典书目	师徒结队，指导研读经典书目（《优质IEP》《特殊儿童个别化教育理论计划实施》《班级经营与管理》）
10月	说课与公开课，厘清IEP实施中的教学用表	IEP与教学设计的结合、IEP的评鉴与反思调整
11月	优质IEP观摩学习	学习优质IEP个案，研习形成IEP所用到的资料表格、评量工具的使用
12月	各班IEP的形成与目标统整	各类优质IEP的案例、目标统整与下学期主题规划表
2月	基本资料的收集与填写	形成基本资料的规范表格、制作使用说明、拍摄讲解视频

月份	教研主题	研讨形式
3月	各项评量工具的使用及填写	学习各项评量工具的使用、制作使用说明、拍摄讲解视频
4月	综合分析研判的撰写	研讨综合分析研判的撰写
5月	教育安置与规划	研讨教育安置与规划的撰写
6月	优质IEP的形成	组员分享IEP
7月	制作课件、逐字稿，合作拍摄示范视频	修订使用说明，合作拍摄IEP制定示范视频

（二）分年部教研

《培智学校义务教育课程标准（2016年版）》中将义务教育阶段分为低、中、高三个年段，以年段设计课程目标和内容，知明学校在实践过程中，也按年段组织教研活动。依据不同年龄段学生的课程与教学特点，以落实培智课标为导向，以促进每个学生的发展为宗旨，以课程实施过程中班级所面临的各种具体问题为研究对象，以师生为研究主体，开展集体备课、公开课听评、个案研讨、统整活动设计等研讨活动。

（三）跨学科组教研

根据跨学科教学或课题研究的实际需求，由教师自主发起跨学科组教研，如生活语文与唱游律动学科组织的"生活艺术组"教研（表7-5），"食农教育理念下培智学校学生生活适应能力的培养路径研究"课题组发起的多学科教研。以食农课题组为例，从师生都感兴趣的"食农"出发，校本化地实施国家课程，充分调动教师的积极性。教师的教研与教学反思贯穿主题单元的计划、教学和评价的整个过程，包括如何提出更有价值的任务与问题、所提供的教学方法能否促进学生跨学科的学习与应用、如何有效组织跨学科协作等，在实践与反思中，教师的专业知识与技能也得到提升。

表7-5　2021学年第二学期生活艺术组教研周历

周次内容	培智教材学习专题二次培训	主题规划研讨	课例研讨	其他	教案
第四周	分配二次培训专题	/	易颖嫦《升国旗》集体备课	讨论课例分享形式	
第六周	培智新课标教材生活适应教学建议（郭锡）	低中高、唱游各1次	易颖嫦《升国旗》磨课	校园广播台设想/音乐剧、课本剧设想	
第八周	培智学校生活适应教材人际交往类内容分析及教学思考（卢山山）	低中高、唱游各1次	微课分享与研讨	班级沟通支持专题分享	
第十周	培智学校生活语文教材编写思路与框架（邝润敏）	低中高、唱游各1次	微课分享与研讨	校园广播台构建/音乐剧、课本剧设想	两人一组，每月1篇，互相修改教案
第十二周	培智学校生活语文教材整体介绍及教学实施建议（易颖嫦）	低中高、唱游各1次	信息技术结合课例分享与研讨	校园广播台构建/音乐剧、课本剧设计	
第十四周	培智学校生活语文教材文本的解读与分析方法（何秋桦）	低中高、唱游各1次	信息技术结合课例分享与研讨	校园广播台构建/音乐剧、课本剧设计	
第十六周	培智学校生活教材识字内容分析与实施建议（吴美慧）	/	个别化教育目标的实现与检核——课例	校园广播台构建/音乐剧、课本剧设计	
第十八周	培智学校生活语文教材课后练习的梯度变化（朱金梅）	/	个别化教育目标的实现与检核——课例	校园广播台项目报告书/音乐剧、课本剧项目书	

第三节 和实践同步：实践共同体

实践共同体是同一领域或同一情境中的人，基于共同愿望或共同目标而自发聚集起来，一起分享知识和经验，共同参与学习和实践活动的群体。"实践共同体理论视角下的教师专业发展路径不追求通过教师个体带动群体专业化，而是试图通过紧密的共同体联结与实践，促使个体的专业发展得以实现"❶。基于共同的育人目标与自主专业发展目标，知明学校教师以活动与项目为载体，开展一系列专业学习与实践的合作活动，解决教学过程中的各种问题，发展特色育人项目。

一、指向学生发展的班级教学共同体

知明学校采用包班制进行班级管理与教学。"包班制"是指在一个班级中由2～3名教师组成一个基本教育工作单元，全面承担一个班级的日常教学训练、班级常规管理和学生生活管理等工作任务的新班级教育模式❷。基于学生适性发展的共同愿景，一个班级的教师共同驻班办公，一起开展面对面的教育教学研究。

一方面协作进行班级管理。从教室物理环境的创设、主题情境的布置、班级常规的建立、班级例行活动的设计到学生行为问题的处理等，班级教师专业、特质互补，凝聚团队的智慧和力量，进行设计、研讨、实践与反思。将班级管理中的具体问题提炼成研究问题，如"运用正向行为支持策略培养智障学生用餐礼仪的个案研究""促进中度智障学生良好行为习惯养成的个案研究——运用行为管理系统和代币制"等，在专家的引领下开展研究与实践。

---

❶ 伊丽斯克，邓猛.新时代民族地区特殊教育教师专业共同体特征探析：基于实践共同体理论［J］.现代特殊教育，2022（8）：35-41，54.
❷ 李晓娟，孙颖，贾坤荣.关于培智学校包班制实践的思考［J］.中国特殊教育，2010（9）：48-52.

另一方面协作实施个别化教育教学。通过教育诊断与课程评估发现学生的教育起点与学习特质，并为其制定个别化教育目标，通过主题教育与例行活动实现目标并进行目标检核，每个环节都需要班级教师的通力合作与密切配合。在实施单元主题教学过程中，班级协同进行主题规划，互相讨论教学策略，按需设计跨学科教学或综合实践活动，教师互帮互学，共同提升。

以班主任为班级教学共同体的核心引领者，建立良好的沟通机制，成员间相互协作，学校营造民主、合作的校园文化氛围，提供积极的鼓励与支持，班级教师的团队精神、教学能力、研究水平等专业素质都会得到显著提升。

二、指向五育融合的特色育人共同体

对于特殊儿童，同样要发展德育、智育、体育、美育、劳动教育，实现学生的多元发展，通过学科课程、跨学科课程以及综合实践课程，实现"五育"融合，在课程与教学活动的开展过程中，形成指向五育融合的特色育人共同体。

项目式学习研究：项目式学习主张教师基于真实的问题或挑战设计一系列体验和探究活动，使学生自己计划、运用多学科知识与经验，在具体的情境中通过合作、操作解决实际问题，最终将学习成果予以表达、交流与展示。在培智学校开展项目式学习，关注学科的核心概念和基本原理，可促进培智学校学生对概念的掌握，以及知识与技能的迁移。基于对项目式学习的专业兴趣，教师组成研究团队，展开"基于项目式学习的培智生活语文单元教学设计研究"的探索，基于项目式学习的单元教学设计理论分析、构建基于项目式学习的培智生活语文单元教学设计思路、教学设计实施的具体方法与策略、学生生活语文课堂的学习效果四个方面进行教育与研究。

经典美文诵读项目：德育是培智学校教育的重点和难点，将德育融入其他课程与活动，能取得一定的学习效果。为深入学习贯彻习近平新时代中国特色社会主义思想，着力推进爱国主义、中华优秀传统文化和革命传统教育，知明学校教师组成团队，以经典美文诵读项目为载体，选择适合学生的优秀篇章，结合音乐、舞蹈与乐器，让美文融入旋律，通过反复诵读，逐渐加深对优秀作品的理解，继而激发学生的爱国之情与文化自信。

艺术社团项目：为发掘学生的优势智能，增强学生的自信心，使休闲技能与社会相融合，在艺能科教师的引领下，教师组成多个艺术社团，如非洲鼓、舞蹈队、合唱团、手工坊等，研讨适合学生的艺术疗愈方式，组织多样化的活动，带领学生走向各类展示舞台。

劳动教育项目：劳动教育是提升培智学生生活适应能力，解决其独立生活问题最直接有效的教育课程。知明学校积极挖掘区域资源，结合自身探索，于2021年成功申报"广东省绿色学校"和"广州市中小学劳动教育试点学校"，教师团队积极开发劳动项目，校本课程"烹饪课程"多次获得省市个别化课程奖项，以"家校社协同推进培智学校劳动教育的实践研究""食农教育理念下培智学校学生生活适应能力的培养路径研究"为主题，将家长与相关社会人员纳入实践队伍，协同发展学生的劳动素养，提升学生的生活适应能力。

融合运动项目：运动能帮助学生增强体质，提升协调能力，刺激生成产生快乐情绪的多巴胺，也是融入社会的良好途径。在运动与保健教师的引领下，教师团队发展特色运动项目，如融合足球、特奥冰壶、健走等，组织学生进行常规训练，每年策划融合运动会促进区域内学生互融，带领学生参加国家、省市运动比赛，让学生提升信心的同时增强社会适应技能，也将相关经验提炼成教学案例与论文，提升自身专业素养的同时为他人提供可复制的经验。

三、指向生涯发展的转衔支持共同体

对于特殊学生预期中的转衔状态，学校若能做详尽的规划与准备，就能减少他们在适应生活过程中的问题。界定学生下一阶段拟转衔环境的特性与要求，从而制订转衔计划，让学生有所准备，并且给他们提供资料，达到让学生平稳转衔至下一环境的目标。根据学生不同阶段的转衔需求，学校教师组建转衔支持共同体，帮助新入校的学生尽快适应学校的学习与生活，帮助九年级毕业的学生更好地适应新环境。

新生入学转衔支持：无论是一年级新生还是插班转入的学生，在入校时都面临着需要适应新环境与新角色的困扰，因此需要课程处、各专业组与新生教师组建支持团队，在入学前三个月进行新生综合评估，根据评估结果召开家长会，沟通新生适应事宜，并搭建线上沟通平台，让学生熟悉校园、班级与学校常规活动，同时让教师更全面地了解学生，提前创设好符合学生能力现状的班级环境与个性化的支持策略。

初中毕业转衔支持：学生初中毕业后将面临不同的安置，或通过考试进入职业高中，或进行支持性、庇护性就业如社区工疗站，或进入以家庭为中心的社区生活。课程处、毕业班教师、家长及下阶段拟定进入环境的工作人员组成支持团队，对特殊学生和重要他人进行评估，了解学生的能力现状，对潜在环境或角色进行评估，分析拟转衔的环境和转衔环境中重要他人的想法与期待，从而分析特殊学生与拟转衔环境和角色的适配性以及差异情形，从而拟订转衔计划，教导特殊学生所需要的转衔技能，并给学生下一阶段拟转衔的单位提供支持服务建议，帮助学生顺利过渡。

我校打造的"和"心专业教师团队，新进教师从适应到规范、专业教师从规范到成熟、骨干教师从成熟到娴熟、教练教师从娴熟到名师，梯级培养促进了特教教师教学能力与专业素养的提升，助推学校内涵发展。教师在省区市各级各类教育教学评比活动中取得丰硕成果，共计200余项，其中，省级17项、市级30余项、区级55项，赵姬姬等三名教师分别获得"广东省特殊教育优秀工作者""广东省特殊教育优秀教师""广州好人"的荣誉称号（表7-6）。以科研带动教研，以教研促进教学，教师在教科研道路上百花齐放、百舸争流，学校有国家省市区级课题共40余项，其中，国家级1项、省级1项、市级30余项、区级3项（表7-7）。

表7-6　教师各类荣誉摘录

序号	类别	奖项名称	奖项等级	奖项级别
1	成果评比类	国家通用手语技能大赛	广东省优秀组织奖	省级
2		广东省第二届中小学幼儿园青年教师教学研究成果	二等奖1项	省级
3		广东省特殊教育学校个别化教育研究优秀成果"优秀个别化教育研究案例"	二等奖2项、三等奖3项	省级
4		广东省特殊教育学校个别化教育研究优秀成果"优秀个别化教育研究论文"	二等奖1项、三等奖2项	省级
5		广州市中小学体育教师论文比赛	一等奖1项	市级
6		广州市黄埔区教师教学论文评比	一等奖2项、二等奖3项、三等奖5项	区级
7	教学竞赛类	广州市青年教师技能大赛	二等奖1项、三等奖1项	市级
8		广州市中小学师生书画及手工艺作品比赛	一等奖2项、二等奖2项、三等奖1项	市级
9		广州市黄埔区青年教师技能大赛	一等奖2项、二等奖2项、三等奖1项	区级
10		广州市黄埔区中小学班主任技能大赛	一等奖2项、二等奖3项、三等奖2项	区级
11	荣誉称号类	广东省特殊教育优秀工作者	赵姬姬	省级
12		广东省特殊教育优秀教师	赵浩贤	省级
13		广东省高等教育学会特殊教育专业委员会理事	赵姬姬、郭昱辰、刘全全	省级
14		广州市特约教研员	刘全全	市级
15		广州好人	邝润敏	市级
16		广州市黄埔区兼职教研员	郭锡	区级
17		广州市黄埔区骨干教师	郭锡、胡亚茹等6人	区级
18		黄埔区助残之星	郭昱辰	区级

表7-7　教师教科研项目摘录

序号	姓名	课题名称	立项单位
1	赵姬姬	"元元共生"家校合作模式在特殊教育学校的构建	广东省教育研究院
2	赵姬姬	家校社协同推进培智学校劳动教育的实践研究	课程教材研究所

序号	姓名	课题名称	立项单位
3	赵姬姬	食农教育理念下培智学校学生生活适应能力培养的路径研究	广州市教育科学规划领导小组办公室
4	蓝远婷	多感官教学对提高脑瘫儿童识字量的个案研究	广州市教育科学规划领导小组办公室
5	胡亚茹	特殊教育精准帮扶实践研究——以黄埔区知明学校帮扶贵州省独山县沁元学校为例	广州市教育学会
6	郭锡	视频示范技术干预特殊儿童如厕技能的个案研究	广东教育学会
7	黄秀英	运用校园心理剧提升特殊学生沟通交往能力的实践研究	广州市黄埔区教育研究院
8	钟慧骁	自制教具在培智学校生活数学教学中的应用研究	广州市教育学会特殊教育教学研究专业委员会
9	赵浩贤	利用DTT建立代币系统提高重度自闭症儿童课堂参与度的单一被试研究	广州市教育学会特殊教育教学研究专业委员会
10	杨思静	生活适应之中餐烹饪校本教材开发研究	广州市教育学会特殊教育教学研究专业委员会
11	张朦	智力障碍儿童注意力训练的个案研究	广州市教育学会特殊教育教学研究专业委员会
12	邝润敏	利用正向行为支持法干预智力障碍学生攻击行为个案研究	广州市教育学会特殊教育教学研究专业委员会
13	邱晓婷	生活适应之中餐烹饪校本教材开发研究	广州市教育学会特殊教育教学研究专业委员会
14	康雪	体态律动在特殊学校音乐课堂中的运用	广州市教育学会特殊教育教学研究专业委员会
15	胡亚茹	关于唐氏综合征学生使用点读笔提升口语表达能力的个案研究	广州市教育学会特殊教育教学研究专业委员会
16	邝润敏	运用正向行为支持策略培养智障学生用餐礼仪的个案研究	广州市教育学会特殊教育教学研究专业委员会
17	吴永丽	蒙台梭利教学法运用于脑瘫学生日常生活训练的个案研究	广州市教育学会特殊教育教学研究专业委员会
18	朱金梅	游戏教学法在培智学校课堂中的运用与实践	广州市教育学会特殊教育教学研究专业委员会
19	卢山山	奥尔夫音乐治疗在培智学校音乐课堂中的运用与实践	广州市教育学会特殊教育教学研究专业委员会

序号	姓名	课题名称	立项单位
20	陈慧敏	正向行为支持策略改善轻度自闭症儿童社交行为的个案研究	广州市教育学会特殊教育教学研究专业委员会
21	杨慧	促进中度智障学生良好行为习惯养成的个案研究——运用行为管理系统和代币制	广州市教育学会特殊教育教学研究专业委员会
22	范焕华	使用点读笔对提升唐氏综合征学生口语表达能力的成效之个案研究	广州市教育学会特殊教育教学研究专业委员会
23	钟慧骁	知动训练提升自闭症儿童课堂参与的个案研究	广州市教育学会特殊教育教学研究专业委员会
24	刘敏燕	图片交换沟通系统对无口语脑瘫儿童沟通能力的成效研究	广州市教育学会特殊教育教学研究专业委员会

第八章

反思与迭代

第一节　和而不同，让课程投射繁茂之境

　　广州市黄埔区知明学校通过"和"教育课程的实施，让知明学生体验到成长中的轻松快乐，家庭氛围的融洽和睦，社区生活的包容接纳，社会适应要求的独立自主。学校不仅开设基本的常规课程，还结合学校区域特点挖掘学生的潜能，开设融合足球、中西烹饪、汽车美容、应用技术、魅力拼豆、非洲鼓等特色课程，真正满足了学生多元化发展的需求，让每一名知明学生都能够逐级成长为"和乐、和睦、和善、和谐"的四"和"学生，通过具体的课程内容培养学生"人己和一、人亲和一、人社和一、人境和一"的核心素养，最终成长为和谐发展的社会人。

第二节 人道为先，以学生为中心

知明学校通过"和"教育课程的实施，学生的多样化需求得以满足，学生的各方面能力得到适性发展。坚持特殊学生不特殊对待的态度，让学校的学生参加各级各类比赛，不管是不是针对特殊学生举办的，只要我们的学生符合报名条件，我们都积极组织学生参加，也不会特意跟主办单位提前告知学生的特殊性，希望学生能够以普通学生的身份参加活动，让学生真正做到融"和"，融入社会，也是对我们课程实施效果的检核。

聚焦学生，以生为本。教师在尊重学生能力、需要、兴趣、身体状况等的基础上，关注其缺陷补偿、潜能开发和个性发展设计课程。课程目标是低年部向高年段螺旋式上升，因段而设，不同的年段侧重点不同，根据学生个别差异、能力需求，知明学校设计和实施"和"教育课程形成一个循环反复的学习过程。因此，我校明确规定各年段必须严格执行IEP流程，以确保个别化教育计划的实施和落实，并根据学生的身心发展需求形成具有年部特色的个别化教育资料系统，实现课程目标和学生IEP统整（图8-1）。个别化教育与我校"和"教育在理念上一致，面向全体，适应个别需求，设计符合个体且具有特色的教学。

以我校低年段三年级学生小旗的个别化教育计划为例，详细阐述我校低年段学生通过个别化教育计划的实施，实现个人的"和乐"发展。

1.学生基本资料

个案的基本资料是了解学生、制订个别化教育计划的基本条件，根据观察、家长访谈记录表、生活自理自评表、学生兴趣及强化物调查表等得出个案的基本资料（表8-1）。

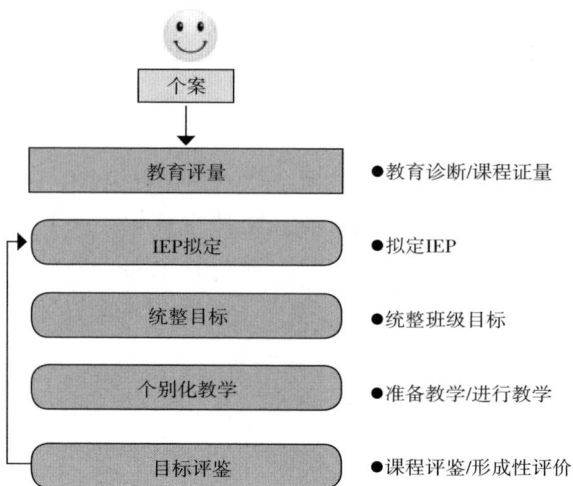

图8-1　知明学校个别化教育计划拟订流程

表8-1　个案的基本资料

项目	具体情况
生育史	母亲38岁左右生产，胎位不正，剖宫产，早产20天，孕期因摔伤脚以及感冒都有服用药物，其他无明显异常
医疗史	3岁经中山大学附属第三医院诊断为孤独症（ASD）
发展史	八九个月会坐，七八个月会叫爸妈
教育康复史	3岁入读天河车陂幼儿园，发现异常（上课呆坐，不和同学互动），确诊后参加中山三院亲子班教学，包含个训、团体课，有音乐、游戏等课程，持续1个月，一周5次，每次1小时，后期幼儿园教师反映小旗在校行为问题变多，坐不住、尖叫、扔东西等 4岁多被劝退，主要由妈妈在家指导教育，9岁入读知明学校
情绪、爱好	情绪行为：依据平时观察，小旗情绪较稳定，愿意和熟悉的人互动，如追逐等，但在受到批评或觉得有难度的情况下会用尖叫、哭的方式拒绝活动 兴趣爱好：对食物都比较喜欢，喜欢追逐游戏，在小区里跑来跑去地玩，喜欢汽车、插片等玩具，但热度不超过半个月，喜欢听儿歌、看电视广告、玩易读宝点读笔

2.个案的家庭情况

个案的家庭情况是个别化教育计划中重要的生态环境，根据家访访谈表得出个案的家庭情况（表8-2）。

表8-2　个案的家庭情况表

项目	具体情况
家庭成员	爸爸、妈妈、哥哥
教养态度	妈妈是家庭主妇，广州天河人，为个案主要照顾者，较为严厉，对小旗不恰当的行为会严厉制止、干预，很希望小旗能正常说话交流 爸爸开公司比较忙，与其相处时间少 哥哥，与个案相差1岁，目前读初中，不喜与个案玩闹，偶尔发生冲突会动手教训个案，但个案也不会哭闹，喜欢与哥哥玩追逐游戏
家庭休闲	休闲活动一般是看电视、玩积木玩具、亲子互动（妈妈教个案发音说话），妈妈偶尔会带个案到小区玩

3.个案的教育诊断

在个案进入学校后，各领域的教师会对个案进行感知觉、认知、语言、粗大动作、精细动作、情绪、生活自理七大领域的评量，详细地评量评估是制订个别化教育计划的有效依据，根据上述教育评量工具可得出个案七大领域的发展与适应能力的具体现状（表8-3）。

表8-3　发展及适应能力现状表

项目	能力现状
感知觉	在日常学习生活中以视觉观察、模仿学习为主，执行能力强，但理解能力较差 优势：视觉、触觉敏锐，视觉追视、手眼协调、前庭觉和本体觉的运用都能满足日常发展需要 限制：空间关系、视动统整发展较差
粗大动作	优势：姿势控制和移动能力能满足学生的日常需求 限制：跳、运动与游戏（球类运动、游乐器材、轮胎游戏、投掷游戏、循环体能、大道具游戏、体操、溜冰、游泳），缺乏运动技巧
精细动作	优势：抓放能力较好，基本能满足学习生活需要；双手协调能力和嵌塞能力较好，如开门、整理物品等 限制：计划动作顺序工作能力较差，工具使用皆需要他人肢体辅助，如使用剪刀等
认知	优势：记忆力，特别是所经历事件和地点位置的记忆力较好；配对能力较好，如相同或相似图片、文字；解决问题，如物品归类 限制：注意力容易分散；依大小、颜色等抽象概念配对与分类能力较差；计划思考能力较差

项目	能力现状
语言与沟通	优势：在手势动作暗示下可遵守简单指令，在熟悉情境下可听懂简单指令，如喝水、关门等，可指认常见物品，可理解常见物品功能 限制：常见物品的理解量有限，无口语表达，缺乏主动沟通，沟通方式少，只使用手势动作表达需求，沟通内容只有一部分被理解
社会情绪行为	优势：在提示和动机下能拥有较好的学习态度和学习动机，情绪相对稳定 限制：由于模仿能力较好所以会去模仿他人不好的行为，如离座等，需他人口头提醒才能保持良好的常规；耐性仅限于短时间和有兴趣的事物或工作，否则会尖叫等
生活自理	优势：从教师和家长的访谈中了解到，小旗如厕（小便）、穿着（套头衫、裤子、袜子、鞋子都可以自己穿脱）可在口语提示下完成，在清洁（洗漱）与卫生上需要他人协助完成，家事技能方面可以完成摆放碗筷、冲洗碗筷等简单工作 限制：需提示、无品质

根据我校特色团体知动的校本课程，结合低年段学生的身心发展特性，对个案的教育诊断增加知觉—动作能力评量表（特教版）（表8-4），个案的知动能力由学校组成的知动小组进行评量，得出个案的知动能力在第八项，根据知动能力制定的教学策略。

表8-4 知觉—动作评量表

项目	评量情况
即达能力项	8（指）交替半跪3下
短期目标项（无语言）	10（指）交替半跪及复诵发音数数1~10下，具体训练： 1.模仿交替半跪数数（发音、口型） 2.手持物跪走向前、向后数数（发音、口型） 3.扶物蹲走向前、向后数数（发音、口型） 4.交替半跪抬手抬脚数数（发音、口型） 5.一一对应
长期目标项	11（指）交替半跪及自主数数1~10下
教学目标	10项：语言记忆、视听动统整 11项：数序记忆、听动统整
训练重点	10项： 1.动作成熟至可自动化，一心二用时不受干扰（针对无口语学生） 2.建立发音无负担的心情与发音习惯 11项： 1.建立唱数记忆与一对一数数能力 2.言语、唱数能力成熟，不因动作干扰而中断 3.听懂指令能力与意愿

项目	评量情况
知动训练建议	10项： 1.利用第8项，教师数数，学生练习一个数字一个动作，只是让学生模仿时以发音代替数字 2.逐步增强到发音的声调、声速，尽量每个数字有区分 3.当学生对此活动很放心时，可以试着要求不同的口型 4.若确定学生无法正确发音，最后可辅以手势数字，但是全校的手势必须一致 11项： 1.平日多练习唱数活动，增加数序记忆 2.降低动作难度，给予双手扶持或单手扶持至不扶持 3.若听指令能力不佳，可利用第6项活动多建立对指令的理解与配合能力 4.勿让学生因忘记而紧张，在学生接不上时教师应自然帮助，或预估学生会中断，事先给予支持

4.个案的课程评量

课程评量为个别化教育计划长短期目标的制定指明了目标方向，个案的课程评量分析采用的是"自编培智课程四好评量表（向阳儿童发展中心）"，由任课教师进行课程的评量，课程起点评量结果具体如表8-5所示。

表8-5 课程起点评量结果表

课程	评量结果
生活语文	听懂常用句子识字与写字、阅读理解、获取信息基本为1分；模仿语言、认识语文符号、朗读在0~1分之间；听懂常用词语、听懂常用普通话、对书的兴趣、愿意阅读为2分；正确的阅读姿势阅读为3分
生活数学	基本概念，如多少等、图形与几何、统计、综合与实践均为1分；对这些概念有基本的感知能力，能做出反应；金钱概念、时间概念、数的认识、数的运算均在0~1分之间
生活适应	自我认识、生理卫生、家庭关系、居家安全均为1分；认识常见餐具、鞋袜、初步养成良好的饮食习惯、做力所能及的家务均为2分
劳动技能	使用和整理常见物品、移动物品、清洁整理基本物品、打扫教室和校园为2分；清洗晾晒衣物、整理打扫房间、清洗蔬菜水果、社区劳动、使用工具、手工劳动均为1分

课程	评量结果
唱游律动	感知、探索、参与、节奏与韵律大部分为1分；欣赏、演唱、演唱与应用、音乐游戏规则在0～1分之间
绘画手工	绘画、手工、动作控制、模仿制作、欣赏与评述等大部分为1分；认识常见颜色、感知物品、创作在0～1分之间
运动保健	参与体育运动学习、运动技能和方法、运动安全的意识、良好的意志品质、调控情绪、体育道德、合作意识与能力均为1分；体育运动知识、良好的形态、全面发展体能、适应自然环境均为2分

5.个案的个别化教育计划目标确定

上述的个案教育评量分析为个别化教育计划目标的选定提供了方向性的指引，在拟定个别化教育计划目标时，以学生为导向，制定符合其发展能力和满足其教育需求的目标。

（1）发展规划的制定：发展性目标规划

低年段以发展性课程为主，发展规划从发展性的目标出发，结合个案实际情况，制定该生在班级的发展目标：具体为成为一位好学生，制定个案的班级发展规划：我是好学生—我做好学生—我为好学生。从低年段"和乐"的课程目标发展，从乐己到乐人，达到"人己和一"。个案根据班级与自身发展性目标制定发展规划如表8-6所示。

表8-6　发展规划表

发展规划	前期（一年级）	中期（二年级）	后期（三年级）
班级发展规划（三维目标发展）	我是好学生 认知上发展"我是好学生"的认知理解	我做好学生 行为上发展"我做好学生"的实践体验	我为好学生 态度上发展"我为好学生"的情感意识
个案发展规划（四好标准发展）	好照顾 愿意被动参与	好家人 做到指令任务	好帮手 达到基本标准

（2）长短目标的确定：能力发展、课程发展

①能力发展的长短目标。根据教育评量的结果，确定个案优先发展

领域及相关目标（表8-7）。

表8-7 能力发展的长短目标

领域	长期目标	短期目标
感知觉	提高空间关系、视动统整的运用能力	1.能根据视觉注意摆放物品 2.能看着模仿做动作
粗大动作	提高基本的运动技巧	1.能双手持物、搬物 2.能双脚起跳、双脚落地
精细动作	加强动作的计划顺序能力	1.能独立进行剪刀的简单操作 2.能做到双手拧物
认知	增强注意力，强化思考能力	1.能进行简单两类物品的配对和分类 2.能跟随点数或看图保持3分钟 3.能在模仿后独立进行简单操作
语言与沟通	增强语言表达能力	1.能主动用手势进行表达需求 2.能用句条或点读笔进行沟通
社会情绪行为	提高工作耐性	1.能对作业：工作保持3分钟的专注度 2.能保持10分钟的课程常规（安坐）
生活自理	提高生活自理的品质能力	1.能在餐前、餐后主动洗手 2.能在餐后整理面部和衣物（把脸上的菜渍擦干净、把身上的米粒拾干净）

②教学内容的长短目标。教学内容的长短目标是把目标具体化，根据学生的发展能力和学业成就能力制定具体且具有功能性的长短期目标。低年段课程以生活自理、动作能力、社交沟通三大方面为主，生活语文、生活适应劳动技能、运动保健课程是低年段三大核心课程，且个别化教育计划目标需要在课程内容的教学目标中实现，现选取个案教学内容的长短目标来说明（表8-8）。

表8-8　教学内容的长短目标

课程	长期目标	短期目标
生活语文	倾听：1.1.1.3能听懂常用的简单句子，并做出适当回应	1.1.1.3.1能听懂配合手势语的常用的简单句至少2种，如陈述句、否定句等
		1.1.1.3.2能使用表情或手势语做出回应
	朗读：1.3.3.1能用普通话朗读简单句	1.3.3.1.1能从左到右用手点读简单句
		1.3.3.1.2能利用辅具（如点读笔）跟读3~5字以内的简单句
	书写：1.2.2.1能用铅笔描写或抄写生活中常用汉字	1.2.2.1.1能保持正确的写字坐姿5分钟
		1.2.2.1.2能在4cm×4cm的范围内正确描写
生活适应	个人卫生：3.1.2.1能有品质地进行洗脸、刷牙	3.1.2.1.1能把牙齿刷干净（牙齿上没有食物残渣）
		3.1.2.1.2能把脸洗干净（脸上没有饭粒）
	疾病预防：3.1.4.1能表达自己身体不适	3.1.4.1.1能在他人询问时表达身体不舒适
		3.1.4.1.2能主动用肢体语言向教师或者家长表达身体不舒适
	人际交往：3.3.1.3愿意和教师、同学交往，能使用礼貌用语	3.3.1.3.1能对熟悉的同学表现出交往意愿（如牵手）
		3.3.1.3.2能主动和熟悉的同学及教师打招呼（用手势打招呼）
劳动技能	整理物品：4.1.2.1整理小件衣	4.1.2.1.1能主动将衣服放到指定位置，如抽屉、书包、篮球架等
		4.1.2.1.2能按正确步骤叠2~3种常见小件衣物，如汗巾、袜子、内裤等（5次中有4次通过）
	清洁整理：4.2.2.1餐前准备和餐后整理	4.2.2.1.1能做至少3种餐前准备，如洗手、拼桌子、发餐盘、发餐勺等（5次中有4次通过）
		4.2.2.1.2能在餐后进行至少3种收拾，如倒餐盘、倒厨余垃圾、擦桌子等（5次中有4次通过）
运动保健	良好的意识品质：7.4.1.1努力尝试完成体育学习和锻炼任务	

6.个案的统整教学目标

为实现学生个别教育计划的目标，并与班级学生的个别化教育计划相统整，确保教师在教学过程中既考虑全班同学的共同目标，又考虑学生的个别需求。在制订个别化教育计划后，班级需要根据学生的IEP汇总班级目标，并确立主题，以"月"为时间单位，确定月主题为班级的教学内容，各学科课程根据月主题的教学内容开展教学活动，最后以统整主题活动的方式检核学生的个别化教育目标。

7.个案的个别化教育计划教学实施

个别化教育计划的教学目标需要通过具体的课程内容来实现，低年段的课程内容包括国家课程和校本课程两种，其中，国家课程有生活语文、生活数学、生活适应、劳动技能、绘画手工、唱游律动、运动保健；校本课程有团体知动、社交沟通、康复个训、安全教育、烹饪课程、社区课程、艺术休闲。通过不同的课程内容，实施个别化的教学方法。为满足个案的个别化教育需求和发展性需要，我校除了通过上述课程内容进行教学，还会通过例行活动、主题活动实施个别化教育计划。

8.学校个别化教育管理的推广及效果

知明学校低年段个别化教学从学校"和"教育理念出发，根据"和乐"的课程目标，通过课堂教学、生活实践实施学生的个别化教育计划，从课堂迁移到生活，从而实现学生的"人己和一"。

（1）以生为根本康复促成长。

以学生为中心，立足学生的学习需求。根据学生能力发展的优弱势，进行发展式和补偿式教育，开设康复个训课程，从学生的动作能力、社交沟通能力补偿教学出发，因材施教、康教结合，有效实施学生的个别化教育计划。

关于动作发展。学生在团体康复、个训训练课程中，通过动作的训练、康复技能的指导使学生的肢体动作更加协调、动作力量能够控制，并能在现实情境中实现动作能力的泛化发展。

关于沟通发展。学生从沟通训练、沟通辅具的选择应用中补偿自身语言表达的缺陷，通过训练、借助辅具促进学生现实生活情境的表达和人际互动交往的沟通发展。

以学生为本，立足学生需求，通过康教结合的因材施教，在康复教学中体现"和乐"；学生逐步掌握生活自理的基本能力，适应生活，在生活中实现"和乐"。

（2）知动为核心教学始创新。

我校低年段的课程内容教学结合知动进行创新教学，基于我校低年段生活自理、动作能力、社交沟通为核心的课程内容，遵循学生身心发展规律与学习特性，结合知动能力发展优势，在各科教学中创新教学方式，以知动活动为主，在各学科教学中开展知动教学。

在学生方面，以知动活动为核心的学科教学，符合低年段学生爱操作、爱活动、爱探索的学习特点，激发学生的学习动机，丰富课堂教学活动，促使学生乐享于知动活动，学习于课堂教学。在有趣的知动活动中，学生有兴趣学习，能掌握有趣的知识。

在教师方面，知动活动纳入低年段各学科课堂教学，真正做到在课堂中以知动活动的形式把课堂交给学生，紧密连接教师与学生的关系，促进教师教学兴趣的增加，激发教师课堂活动设计的创新，提高教师的教学能力，提升教师专业发展水平。

（3）立足于例行乐学促发展。

我校低年段学生在固定的例行活动中重复进行个别化教育计划目标的隐性教学，师生人际交往的互动增加了例行活动乐趣，熟悉的情境教学活动激发了学生自身的乐学动机。在例行活动中进行个别化教育，在学生快乐学习中实施个别化教育计划。

从学生和教师层面来看，学生在熟悉的例行活动学习中进行"乐学"，教师在自然情景中进行"乐教"，师生步调一致进行例行活动的教学，有效开展个别化教学，实现个别化教育目标。

从学校和课程层面来看，我校根据低年段学生以生活自理为主的教学内容，通过平常的例行活动、常规活动进行教学，开展晨点时间、大课间活动、午餐整理时间、午点活动等例行活动，让学生在生活中体验，在例行中培养生活自理能力，实现适应生活的核心目标。

从家庭和社区层面来看，低年段的例行活动是以校园的现实生活情境为背景进行的，学生在例行活动中掌握的基本生活自理能力容易泛化到家庭生活和社区生活中，以家庭和社区的自然生活环境为学习场景，在生活中掌握的生活自理能力最终将用于生活中，在家庭和社区中达到生活自理能力的自动化。

从个人和学校泛化到家庭和社区，在学校个人生活"乐学"发展到家庭和社区"乐学"，进行个人、学校、家庭、社区的有机整合，培养学生的生活自理能力，提高他们的生活质量，有助于学生更好地适应生活和融入社会。

第三节　知明为径，以生活为中心

依托区内企业资源，结合学校特色开展汽车美容、公共清洁、中西烹饪职业课程，学校根据学生各自的优势开展职业教育，让学生能够更好地就业，同时学校邀请企业进校，开展就业双选会，为学生拓宽就业途径。目前，我校成功就业5人，升入职业高中3人，康园工疗站8人，社区10余人，多名学生毕业后定期回校看望教师，分享就业心得。同时，我校定期收集学生毕业后的生活、就业等情况，继续为学生提供帮助和指导。

我校的特色活动结合地域优势，开发和设计适合学生的社区课程，得到师生家长的一致好评。

案例1：我是购物小能手——"游园会"低年段社区活动方案

一、指导思想

以《特殊教育学校教育指导纲要》为核心，不断深化特教改革，积极推进素质教育和特教现代化建设，更新教育观念，探索适合本学校的校本课程和研究方案，促进我校内部师资队伍的建设，努力使学校的保教质量再上新台阶。

二、活动目的

为了更好地开展游园会统整活动，鼓励学生参加活动和培养学生的节日气息，提高学生对节日的喜爱，二年级全体师生将进行"游园会"社区活动，检验个别化教育计划中的相关目标。

三、活动主题

"我是购物小能手"——美佳超市购物活动。

四、活动时间

2022年9月22日（周四）8：30~11：30。

五、活动对象

学生10人、教师4人、行政1人、保安1人，共16人。

六、活动地点

美佳超市。

七、活动流程（表8-9）

表8-9　活动流程

时间	负责人	工作	注意事项	检核目标
8：30~ 9：00	班主任	1.清点人数 2.检查物资 3.安全教育	安全小组分组，学生落实到人	检核个人物品清单
9：00~ 9：30	班主任	车程：知明学校—美佳超市	学生安坐，观察学生乘坐状态	安全乘坐公共交通工具
9：30~ 11：00	班主任、班任教师	1.购买自己喜欢的两种食物 2.自己结账买单	班任教师负责学生安全集合及如厕 班主任负责分组活动	1.询问厕所的地点 2.认识物品名称 3.安静等待
11：00~ 11：30	班主任、班任教师	车程：美佳超市—知明学校	学生安坐，检查安全带状态	安全乘坐公共交通工具

八、教师分组管理（表8-10）

表8-10　教师分组管理

教师	学生（学生组长写第一）
梁教师	胡*轩、李*宇、何*涛
江教师	游*鑫、汤*明
梁教师	何*锋、杨*丹
张教师	曾*浩、冯*敏

九、经费预算（表8-11）

表8-11　经费预算

名称	数量	单价/元	总计
交通费	*	*	*
教师餐费	*	*	*

十、安全保护措施

为了应对突发事件，提高紧急救援反应速度和协调水平，有效地预防和及时处置活动中突发的安全事故，切实保障教师和学生生命安全，结合本校实际，我们特制定这次教师外出学习应急预案。

十一、要求及注意事项

第一，严肃外出纪律。外出学习期间，要严格遵守组织单位的作息时间、规章制度，树立良好的教师形象，维护学校声誉。

第二，提高交通、饮食卫生等方面的安全意识和自我防范能力，确保学习任务的顺利完成。

第三，外出时为避免发生一些节外生枝的事情，不聚众好奇，不参与黄、赌、毒活动，不贪小便宜，不捡路上的失物，不随意帮助陌生人。

第四，外出学习务必克服自身暴躁的脾气，为人处世以和为贵，心胸开阔，多宽容，不与他人发生争执。

第五，珍惜外出学习的宝贵时间，明确学习目的，力争通过学习，虚心向兄弟学校学习，把新的教育教学理念带回来，推动学校教师教育教学质量的提升。

第六，出行前确保身体健康，检查好行李，切忌因携带过多的行李，造成行动不便和东西遗失等情况。

第七，外出必须带身份证、手机和适当现金，一定要贴身保管好。所有学习成员必须保持手机畅通，随时保持联系，如果活动期间手机被偷或遗失，必须尽快与学校取得联系。

第八，切忌分散活动，不能未经过领导或老师同意单独出去自由活动。

第九，到达学习活动目的地和离开学习活动地回到家时要向学校领导或老师报平安。

第十，配备必需的医药品，以便在遇到突发疾病、意外伤害时可以急用。

十二、课堂反应

在外出活动前，班主任组织开展安全教育，向学生说明外出活动要求以及注意事项，并且依照学生能力进行分组。

A组学生需要做到安静乘坐公共交通工具，不在公交车上追逐打闹，文明乘车，在超市里安静购物，不大声喧哗，有序参与社会活动。

B组学生需要做到在带队教师的口语提示下安静乘坐公共交通工具，不在公交车上追逐打闹，不大声喧哗，在口语提示下安静阅读，有序参与社会活动。教师在超市购物，过程中检核学生个别化教育计划中认识超市的组成与功能、安静购物等长期目标。

附：广州市黄埔区知明学校外出活动安全制度

为了使我校学生的外出活动能够安全、有序、文明地进行，保证正常的学习、工作和生活秩序，我校特制定本制度。

第一，在组织学生外出活动前，负责人要有充分的计划和准备，并报相关负责领导和上级教育主管部门备案，未经批准，任何人不得擅自组织学生集体到校外活动。

第二，在组织学生外出活动前，各班级必须做好外出前的安全教育工作，制定确保外出活动安全的具体措施。

第三，当进行集体活动时，活动负责人及相关负责教师若无特殊情况必须参加，共同做好组织工作。

第四，外出活动的地点须事先申报，事先勘察活动场所，了解有关情况，消除事故隐患。凡不安全的地方或安全措施不落实的地方，不得组织学生前往。严禁组织学生进行危险性活动，严禁到江、河、湖、海、水库等处游泳。

第五，外出用车必须使用有牌、有证、手续齐全的车辆，严禁租用无牌无证、超载超速的车辆。

第六，保健教师备好药品和急救物品，如有患病者，须经医生批准后方可参加，同时，要注意学生外出活动时的饮水和饮食卫生。

第七，保证联络畅通，外出活动时班主任必须与学生家长保持密切联系，杜绝管理真空的发生。各班带队教师和分管领导互记联系方式，以便随时保持联络。

第八，当活动结束后，学生必须回校，不得在中途解散，各年级段负责人应及时向值班领导汇报外出情况。

第九，教育学生在校学习和生活期间，应当遵守学校纪律和规章制度，服从学校的安全教育和管理，不得从事危及自身或者他人安全的活动。

第十，各班班主任做好与家长的沟通工作，了解、发现有特异体质、特定疾病或者异常心理状况的学生，及时报告校长室。学校对已知的有特异体质、特定疾病或者异常心理状况的学生，应当给予适当关注和照顾。生理、心理状况异常不宜在校学习的学生应当休学，由监护人安排治疗、休养。

第十一，将安全教育纳入教学内容，对学生开展安全教育，培养学生的安全意识，提高学生的自我保护能力。在开学初、放假前，有针对性地对学生集中开展安全教育。新生入校后，及时帮助学生了解学校相关的安全制度和安全规定。

案例2："一起去喝早茶呀"——中年段社区外出活动方案

一、活动目的

为了帮助学生了解社区的作用、增强社区活动意识和情感表达，我们结合中年段班级学生情况和班级教学，以"一起喝早茶呀"为主题开展班级区外出统整活动，体验"广式早茶"。本次社区活动将检核学生本月的学习成果，通过社区实地感受早茶的美味，在特定场合做好礼仪规范，同时增进朋辈、亲子互动。

二、活动对象

全体学生8人、班级教师5人、行政1人、学生家长8人。

三、外出名单（表8-12）

表8-12　外出名单

教师	李**、谭*、陈**、王**、覃**、郭**
学生	程*、钟**、谢**、卢**、戈**、王**、李**、张**
家长	每个学生由一位家长陪同，共8名家长

四、活动时间

2023年12月21日（周四）8：40~16：30。

五、活动地点

1.海粤荟酒家（知识城店）——广州市黄埔区九龙大道海丝知识中心T2栋2楼

2.凤凰湖公园

六、交通路线

1.学校到海粤荟酒家（知识城店）

过马路步行到学校对面航空轮胎大科学中心站乘坐365路公交车——地铁旺村站。（时长54分钟）

2.海粤荟酒家（知识城店）到凤凰湖公园步行1.8千米。（时长25分钟）

备注：如果个别学生无法长时间步行，可以启用备用路线，负责该学生的教师、家长、学生共同打车（时长10分钟）到达凤凰湖公园。

七、活动流程（表8-13）

表8-13　活动流程

日期	时间	负责人	工作	注意事项	检核目标
12月20日前		李**	对接家委会确定包间	1.当天活动参与人员人数对接好 2.活动物资	对接活动流程及相关物资

日期	时间	负责人	工作	注意事项	检核目标
12月20日前		李**	1.确认参与活动的家长名单 2.确定学生接送情况以及路线 3.确定外出路线 4.确定外出必带物品 5.购买师生外出安全险 6.确认凤凰湖露营生日会物资准备	动员学生家长参加	学生认识路线，学生自备外出用品
12月21日	8：20~8：40	李** 谭* 陈** 王** 覃**	1.接校车 2.学校集合 3.清点人数 4.活动预告 5.安全教育	1.提醒学生放置好个人物品 2.带队教师与学生分好组 3.提醒学生上厕所和带水	检核个人物品清单，做好出发准备
	8：40~10：30	李** 谭* 陈** 王** 覃** 郭**	1.步行至公交车站 2.在路口前和过马路前提醒注意安全 3.乘坐公交车	1.教师分为前中后的队伍位置，带好所负责的学生 2.教师检查周边环境和提醒注意 3.乘坐公交车，关注学生在车上情况	生活语文、生活数学——地图、路线及导航 交通安全知识、车上安全知识
	10：30~12：00	李** 谭* 陈** 王** 覃** 郭**	1.步行到海粤荟酒楼 2.点餐 3.就餐 4.合影留念	1.教师分为前中后的队伍位置，带好所负责的学生 2.有序轮流点一个喜欢的菜 3.就餐礼仪叮嘱 4.吃饱后的活动区域规定	1.交通安全知识 2.遵守参与活动的礼仪规范，轮替技能 3.餐前、餐后准备 4.自我休闲
	12：00~14：00	李** 谭* 陈** 王** 覃** 郭**	1.步行或打车转换场地到凤凰湖公园 2.安排家长搭建帐篷 3.午休时间	1.教师分为前中后的队伍位置，带好所负责学生 2.教师检查周边环境和提醒注意 3.提前和家长沟通携带2~3个帐篷和野餐垫	交通安全知识、午休规则

日期	时间	负责人	工作	注意事项	检核目标
12月21日	14：00~15：00	李**谭*陈**王**覃**郭**	1.准备好野餐生日会物资 2.开启生日会 3.亲子游戏互动	1.食品安全，留样 2.拍照 3.游戏物资准备及游戏准备	食品安全、拍照规则、游戏规则、同学互动
	15：00~16：30	李**谭*陈**王**覃**郭**	1.合影留念 2.场地收拾 3.安排学生返程途径（家长接送的，跟队乘坐交通工具的） 4.清点人数 5.返程 6.总结分享	1.教师分为前中后的队伍位置，带好所负责学生 2.教师检查周边环境和提醒注意	交通安全知识、活动收获

八、活动明细表

1.学生负责分工表（表8-14）

表8-14　学生负责分工表

班级	负责老师	学生分组	工作职责
低年段班	李**	卢**	1.负责班内学生外出安全、纪律 2.随时清点人数 3.关注学生身体状况、情绪状况 4.上报突发事件 5.遵守集体活动行程
	谭*	谢**、钟**	
	陈**	戈**	
	王**	张**	
	覃**	王**	
	郭**	程*、李**	

2.物资和活动分工表（表8-15）

表8-15 物资和活动分工表

负责教师	物资及活动	截止时间	联系电话
李**	确认携带帐篷（2~3个）和野餐垫（3~4张）的家长——钟**妈妈负责	12月20日前	*********
	酒楼包间订位——谢**妈妈负责	12月20日前	
	确认外出安全险的购买	12月20日前	
	教师交通费和餐费的经费申请	12月20日前	
	跟进生日会食品的采购	12月21日	
谭*	亲子游戏道具、风筝	12月20日前	*********
陈**	步行和野餐时的音乐、亲子游戏	12月20日前	*********
王**	话筒（或者小蜜蜂）2个	12月20日前	*********
覃**	纸巾、保鲜袋、垃圾袋	12月20日前	*********

九、联系电话（表8-16）

表8-16 联系电话

教师	联系电话	学生	紧急联系电话	学生	紧急联系电话
郭**	*********	程*	*********	李**	*********
李**	*********	卢**	*********	钟**	*********
谭*	*********	谢**	*********		
陈**	*********	戈**	*********		
王**	*********	张**	*********		
覃**	*********	王**	*********		

十、经费预算（表8-17）

表8-17　经费预算

序号	名称	数量/次	单价/元	备注
1	餐费	1	*元	*元
2	交通费	2	*元	*元
3	师生保险	1	*元	*元
共计	\	\	*元	\

十一、安全防护要求

第一，学生的安全由班主任和包班教师负责。

第二，一定要做好外出安全教育。

第三，活动期间注意佩戴口罩。

第四，拍照片和录视频，须得到家长的许可。

案例3："香雪公园赏花行"活动方案——中年段社区外出活动方案

一、活动目的

为丰富学生的学习生活，进一步提升学生的社区适应能力、安全意识，我们结合我校12月"龙马精神过大年"主题教学活动，开展班级社区活动"香雪公园赏花行"。在本次活动中，学生乘坐公共交通工具抵达美丽的香雪公园，感受雪梅芬芳，以此检核本月拟定主题相关的IEP目标，同时增强班级凝聚力和团队协作能力，激发学生参与各项活动的热情，最终提高学生的社会适应能力。现拟组织中年段全体师生开展知明学校12月"香雪公园赏花行"活动。

二、活动时间

2023年12月27日（周三）8：30~15：00。

三、活动地点

广州市黄埔区香雪公园。

四、活动对象

中年段班级全体师生和家长。

五、外出名单（表8-18）

表8-18　中年段班级名单

教师	范**、郭*、蓝**、谭**、曾**，共5名教师
学生	钟**、周**、卢**、龚**、钟**、汤**、李**、杨**、潘**、肖**，共10名学生
家长	汤**爸爸、杨**妈妈、周**爸爸、潘**妈妈、龚**爸爸妈妈、卢**爸爸妈妈、李**妈妈、钟**妈妈、肖**妈妈、钟**爸爸，共12名家长

六、活动流程（表8-19）

表8-19　活动流程

时间	事件	流程	工作及准备
8：30~ 8：40	活动准备	1.对学生进行安全教育 2.活动预告 3.准备外出物品 4.上厕所	1.对学生进行外出安全教育 2.外出必备品清单检查 3.带学生上厕所
8：40~ 9：30	去程	1.组织学生有序排队去往公交车站 2.下车排队	教师注意自己负责学生的乘车安全
9：30~ 11：10	香雪公园赏花	1.教师带领各自负责的学生进入香雪公园 2.赏梅 3.拍大合照	1.在香雪公园内教师负责学生的安全，带学生上洗手间 2.在分组活动时注意学生安全，避免发生安全事故
11：10~ 11：30	用餐	学生排队从香雪公园步行去公交车站	蓝老师负责全程的突发状况，谭老师在队伍的前面，曾老师在队伍的后面
11：30~ 13：20		1.乘车到香雪大道公交站 2.就餐 3.排队去公交站	提前到公交车站等车
13：20~ 14：20	返程	师生有序排队，组织学生返程	清点人员及物品

七、活动中老师分工明细表（表8-20）

表8-20 教师分工明细表

班级	负责教师	学生分组	工作职责
中年段班级	蓝**	钟**、肖**、杨**	1.负责班内学生外出安全、纪律 2.随时清点人数 3.关注学生身体状况 4.及时上报突发事件 5.遵守集体活动行程安排
	谭**	卢**、龚**、潘**、李**	
	曾**	周**、汤**、钟**	

八、参加活动的教师以及家长联系电话（表8-21）

表8-21 教师以及家长联系电话

教师	电话	学生	负责家长电话	学生	负责家长电话
范**	**********	龚**	爸爸**********	卢**	妈妈**********
郭*	**********	钟**	妈妈**********	李**	妈妈**********
蓝**	**********	钟**	爸爸**********	汤**	妈妈**********
谭**	**********	肖**	妈妈**********	杨**	爸爸**********
曾**	**********	潘**	妈妈**********	周**	妈妈**********

九、经费预算（表8-22）

表8-22 经费预算

序号	名称	数量/次	单价/元	备注
1	交通费	2	*元	*元
2	餐费	1	*元	*元
3	保险费	1	*元	*元
共计	\	\	*元	\

十、出行安全要求

第一，学生的安全由班主任和协班教师负责。

第二，搭车时勿任意换座位，头、手勿出窗外，上下车时请注意来车方向以免发生危险，上下车要按班集队。

第三，外出游玩时若遇拥挤要主动退让，并自觉排队，不要到人多拥挤的场合凑热闹，避免意外事故发生。

第四，行至崖边、河边、水流湍急的农田灌溉渠边，应走安全的一侧，以免踩虚、脚滑，不慎发生危险事故。

第五，注意身体健康，切勿吃生食、生海鲜、未剥皮的水果，不要光顾路边无执照摊档，勿暴饮暴食，多喝开水。

第六，贵重物品请随身携带，注意保管，切勿离手。

第七，一定要做好外出安全教育。

第八，活动期间注意佩戴口罩。

第九，拍照片和录视频，须得到家长的许可。

案例4："麦村天坑之旅"——高年段社区秋游活动方案

一、活动目的

为培养学生爱国情怀，激发学生作为本地人的自豪感，了解本地美丽风景，进而提高学生的生活技能与社会适应能力，让学生融入社区生活，培养学生的休闲娱乐意识、提升学生的情感态度，与家人和睦相处。同时增强班级凝聚力和团队协作能力，激发学生参与各项活动的热情，培养学生的生活情怀，在外出活动中，教师带领学生适应社会休闲生活，陶冶娱乐情操，丰富课余生活，因此组织高年段同学以及班级教师进行秋游活动。

二、活动对象

高年段班级全体学生8人、班级教师3人、行政教师1名。

三、外出名单（表8-23）

表8-23　外出名单

教师	邝**、梁**、何**、吴**
学生	张**、何**、蒋**、汤**、龚**、何**、董*、汤**

四、活动时间

2023年10月31日（周二）9：00~16：00。

五、活动地点

广州市黄埔区麦村石牙顶。

六、活动流程（表8-24）

表8-24　活动流程

日期	时间	负责人	工作	注意事项	检核目标
10月30日前	12：00前	邝**	1.确认参与活动的家长名单 2.确定学生接送情况以及路线 3.确定外出路线 4.确定外出必带物品 5.确定外出用餐方式	1.动员学生家长必须有一名及以上家长参加 2.预算外出费用 3.外出费用由家委代表负责与家长协商	1.学生认识路线 2.学生自备外出用品
10月31日	8：20~9：00	邝**	1.麦村集合 2.清点人数 3.安全教育	1.学生当天不坐校车，由家长负责接送到麦村 2.安全小组分组，学生落实到人 3.提醒学生上厕所	检核个人物品清单
	9：00~10：30	邝**	1.爬山 ①收集树叶、花朵、石头 2.石牙顶露营 ①拍照 ②休息	1.学生与家长一起爬山 2.教师负责检查周边环境 3.安全小组分组，学生落实到人	1.垃圾分类 2.能把路上的风景与秋游流程图配对
	10：30~11：00	邝** 梁** 何**	1.清点人数下山 2.检查物资 3.安全教育	1.学生与家长一起爬山 2.教师负责检查周边环境 3.安全小组分组，学生落实到人	检核个人物品清单
	11：00~12：00	梁**	1.天池农场，一起制作风筝 2.点餐	1.diy中国红风筝 2.保管钱币 3.能够独立点餐，点清淡并且适合自己的午餐 4.由家长自己负责	1.爱国情怀 2.餐前清洁 3.能够自己点餐 4.能够计算金额

日期	时间	负责人	工作	注意事项	检核目标
10月31日	12:00~13:00	梁**	天池农场用餐休息	文明用餐	1.垃圾分类 2.餐后清洁与整理
	13:00~15:00	邝**	天池农场甘蔗研学 ①田园甘蔗采摘 ②清榨甘蔗汁 ③制作甘蔗葫芦diy ④小结	拍照记录学生与家长的美好时光	1.游园安全 2.摄影技巧
	15:00~15:20	何**	1.打卡麦村火车头 2.麦村游园	拍照记录学生与家长的美好时光	学会点柠檬茶
	15:20~16:00	邝**	1.清点人数 2.总结 3.学生感受分享 4.合影留念 5.学生与家长回家	1.学生由家长负责送回家 2.安全小组分组，学生落实到人 3.提醒学生上厕所	乘车安全

七、活动分工明细表（表8-25）

表8-25　活动分工明细表

班级	负责教师	学生分组	工作职责
高年段学生	邝**	张**、何**、董*	1.负责班内学生外出安全、纪律 2.随时清点人数 3.关注学生身体状况 4.及时上报突发事件 5.遵守集体活动行程安排
	梁**	蒋**、何**、汤**	
	何**	龚**、汤**	

八、参加活动的教师以及家长联系电话（表8-26）

表8-26　教师以及家长联系电话

教师	电话	学生	负责家长电话	学生	负责家长电话
吴**	**********	蒋**	爸爸**********	汤**	爸爸**********
邝**	**********	何**	妈妈**********	龚**	妈妈**********
梁**	**********	张**	妈妈**********	董*	妈妈**********
何**	**********	何**	爸爸**********	汤**	妈妈**********

九、经费预算（表8-27）

表8-27　经费预算

序号	名称	数量/次	单价/元	备注
1	餐费	1	*元	*元
共计	\	\	*元	\

十、安全防护要求

第一，学生的安全由班主任和包班教师负责。

第二，一定要做好外出安全教育。

第三，活动期间注意佩戴口罩。

第四，拍照片和录视频，须得到家长的许可。

第四节　融合为终，以发展为目标

近年来，学生不仅在自己的领域取得了优异成绩，更在不同活动领域屡获佳绩，正是持着一颗普通学生的心参加各级各类比赛，让各级单位都对我校学生有了不一样的看法和认识。建校以来，学生获各类奖项共计150余项（图8-2），其中，国家级2项、省级50余项、市级20余项、区级80余项。例如，2022年经典美文诵读作品《中国心，中华情，颂祖国》荣获广州市经典美文诵读比赛一等奖，赛后作为广州市唯一一所代表学校参加了广东省教育厅举办的2023年粤港澳姊妹学校签约仪式及中华经典美文诵读比赛汇演，并得到了大家的一致好评。

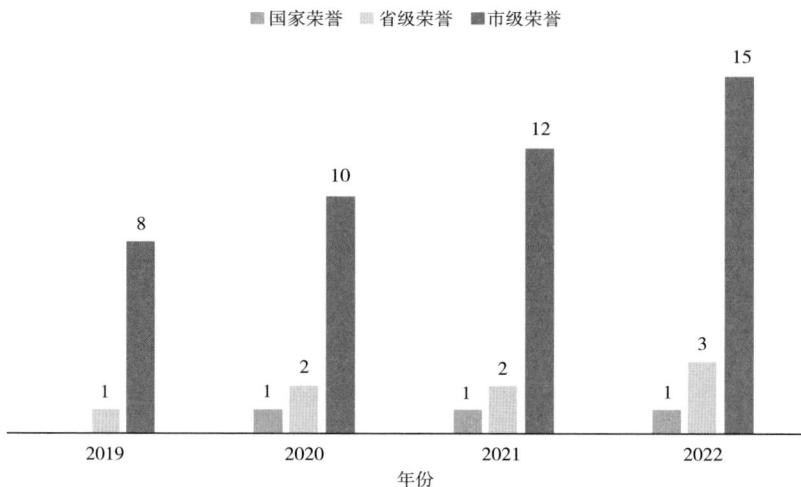

图8-2　学生获奖情况柱状图

一、"和知"课程——重点培养学生的人文情怀、文化素养和逻辑思考等能力

学校围绕"和知"课程，通过生活语文、生活数学、沟通与交

往、主题活动等的开展，学校创设能够让学生积极大胆展现自我的环境，学以致用，以生为本，让学生主持校内活动及升旗仪式，担任学校对外接待活动的礼仪及服务员等，利用日常所学习知识，参加省、市、区各项比赛，以多种形式提升学生的认知、沟通能力与人文素养，为学生融入社会奠定基础。参加不同形式的活动，对学生是挑战也是机会，学生敢于大胆的沟通与表达，通过日复一日坚持练习，取得优异的成绩（表8-28）。

表8-28 学生获奖情况1

序号	奖项名称	奖项等级	奖项级别
1	粤港澳经典美文诵读大赛	一等奖3项、优秀奖2项、最佳表现奖1项	市级
2	广州市"同心圆"特殊学生智慧阅读主题活动	三等奖	市级
3	"幸福小康我的家，弘扬黄埔好家风"故事演说比赛	青少年组纪念奖	区级
4	黄埔区教育局少年征文比赛	二等奖3项	区级
5	"千人讲史念党恩红色故事代颂扬"千名宣讲员讲党史大赛	优秀小宣讲员4项	区级
6	粤港澳姊妹学校经典美文诵读大赛	一等奖4项、优秀组织奖1项	区级
7	第八届"羊城美育节"系列活动之2023年黄埔区中小学朗诵比赛	一等奖	区级

在粤港澳经典美文诵读大赛中，学生更是大放异彩，在感受传统文化魅力的同时，与区内普校学生竞争，并代表本区参加市赛，得到市局一致好评。"幸福小康我的家，弘扬黄埔好家风"故事演说比赛经区初赛后入围复赛，与区内学生一起讲自己的故事，让学生能有机会登上区内语言类比赛的舞台，获得成长和自信。我校钟同学、吴同学等4名学生被评为"区优秀小宣讲员"，这不仅是对学生的肯定，对红色故事的弘扬，更是对教学成果的检核，是教师不断努力和付出的动力。

二、"和行"课程——重点培养学生的生活技能、劳动意识与解决问题等能力（表8-29）

表8-29　学生获奖情况2

序号	奖项名称	奖项等级	奖项级别
1	广州市中小学劳动教育特色成果比赛	"劳动中成长"荣获特色成果奖	市级
2	广州市中小学"学校劳动周"系列活动之"学校劳动成果视频"评比活动比赛	"劳动为犁深耕梦想"荣获最佳展示奖	市级
3	广州市校园劳动小模范	1人	市级

三、"和健"课程——重点培养学生的健康体魄、阳光心态和合作参与能力

　　学校围绕"和健"课程，通过运动保健、团体知动、阳光大课间和融合足球、冰壶等社团活动的开展，学生的多样化需求得以满足，在活动中成长与融合。学校组建足球队、冰壶队，我校体育组的教师带领学生每天早上坚持进行训练，培养学生持之以恒的精神。从市级舞台走向国家级舞台，甚至走出国门，学生在不同活动领域屡获佳绩，不仅实现了特殊学生持续、优质的成长，展现自信风采、健康体魄、阳光心态、团结合作与参与的能力，还在勇敢追逐梦想的过程中，收获了友谊和成长。在"和健"课程的实施下，我校融合足球方面取得了丰硕的成果（表8-30）。

　　近年来，学校结合区域和学校特色设计大课间活动：哑铃操、阳光健走操、八段锦等。在满足国家对教育提出的体育锻炼要求、落实每天不少于1小时的体育锻炼的同时，这些活动满足了教育、训练、康复及融合的特殊教育体育课程目标。我校设计的健走操及阳光健走活动，不仅达到强身健体、增加身体平衡、减轻膝盖负担、调整走路姿势、动作康复的效果，而且适合各个年龄阶段及程度的学生参与，学生不仅提高身体素质，还可以带领学生走出校门，走进油麻山，走进公园，感受登山

的快乐，让师生情、亲子情更加亲密，感受自然环境的魅力。

表8-30　学生获奖情况3

序号	奖项名称	奖项等级	奖项级别
1	首届全国听力残疾人陆地冰壶比赛——广东分会场	亚军（校园组）	省级
2	首届全国听力残疾人陆地冰壶比赛——广东分会场	一等奖	省级
3	残疾人民间足球争霸赛分赛区暨广东省第一届融合足球比赛	道德风尚奖	省级
4	广东省第一届融合足球赛特奥融合B组	三等奖	省级
5	珠三角地区特殊教育学校体育联盟特奥足球比赛	三等奖	市级
6	珠三角地区特殊教育学校体育联盟特奥足球比赛	A组第三名	市级
7	国际特殊奥林匹克东亚区广州融合学校足球锦标赛	蓬勃A组第四名	市级
8	第八届中小学田径运动会	精神文明奖	区级

四、"和美"课程——重点培养学生的审美情趣、艺术疗愈与休闲能力

学校围绕"和美"课程，通过绘画手工、唱游律动、艺术休闲，以及合唱、舞蹈、非洲鼓等社团活动的开展，让学生感受美、欣赏美、享受美，通过艺术实现自我疗愈及自我休闲。学校针对不同学生的能力基础和兴趣爱好及特长，挖掘学生的潜能，拓展学生休闲娱乐的方式，学校组建了知明合唱团、知明舞蹈队、知明绘画手工坊、知明非洲鼓社团、知明乐器兴趣组，学生不仅能够自我娱乐、自我休闲，保持情绪稳定，还能在自己的领域各放异彩，硕果累累。

知明艺术社团多次参加各级各类比赛，不但在特殊儿童竞赛中荣获佳绩，更在与普校学生一同竞争中表现出色，得到社会各界的一致好评，而且登上广州电视台演出并被报道（表8-31）。知明舞蹈队更是跳到了国家的舞台，代表我省参加全国残疾人排舞比赛，荣获一等奖。学生的绘画作品在各类比赛中脱颖而出，许多获奖作品被诸多企业家、爱心人士收藏。学生的乐器表演如非洲鼓、钢琴独奏等在学校的各类活动

中展现出了独特的魅力，收获了一大批粉丝。知明绘画手工坊在区内每年的社区嘉年华活动中，可谓是最火爆的摊位，也是被大家记得和关注的摊位，让社会各界对特殊儿童有了新的认识，特别是对孤独症及中、重度智力障碍儿童有了新的认识，他们并不是无法沟通，他们也有自己擅长的领域，甚至比普通儿童还出色，也可以凭自己的能力取得让社会认可的成绩。

表8-31　学生获奖情况4

序号	奖项名称	奖项等级	奖项级别
1	全国残疾人排舞比赛	智力残疾组一等奖	国家级
2	广东省大体操嘉年华展演大赛	特殊奥林匹克奖	省级
3	"瑕之美"特殊孩子艺术美术作品大赛	一等奖10项、二等奖10项、三等奖3项、优秀奖14项	市级
4	广州市小学生师生书画及手工艺作品比赛	一等奖2项、二等奖2项、三等奖5项	市级
5	广州市学校合唱节	一等奖5项、二等奖2项	市级
6	黄埔区中小学书画手工艺作品比赛	一等奖27项、二等奖34项、三等奖56项	区级
7	建党100周年"万生新征程红色经典永流芳"书画大赛	一等奖2项、三等奖3项	区级
8	畅想知识城发展蓝图，描绘现代化新城美景：青少年优秀文艺作品活动	二等奖3项、三等奖8项	区级
9	黄埔区学校合唱节选拔赛	一等奖3项、三等奖1项	区级
10	第六届"羊城美育节"黄埔区中小学生舞蹈比赛	一等奖3项	区级
11	农村随迁子女学校美育成果大赛	一等奖	区级
12	"百首颂歌唱给党，红色薪火代代传"艺术表演大赛	三等奖	区级
13	第四届学校艺术节舞蹈比赛	二等奖（小学组）	区级
14	黄埔区首届美育节中小学校园音乐戏剧比赛	三等奖	区级
15	广州市开发区黄埔区教育系统"爱心义卖优秀组织"	爱心义卖优秀组织奖	区级
16	广州市黄埔区"优秀学生社团"	优秀学生社团奖	区级

五、"和己"课程——重点培养学生珍爱生命、自我管理和乐善乐学的品质

学校围绕"和己"课程，通过主题班会、国旗仪式、安全教育、安全演练、心理健康、语言康复和情绪与行为支持的开展，服务学生的安全意识与技能、心理需求、自我情绪的调控、青春期教育、身心的协调发展。

德、智、体、美、劳五育并举培养全面发展的社会主义建设者和接班人，以德为先，学校积极开展各类德育教育，主要围绕文明礼仪、安全卫生、遵守纪律、节约环保、自我防护等方面开展。第一，学校通过少先队队员的入队仪式，对学生进行思想品德的熏陶和影响，每年定期发展少先队队员。第二，通过升旗仪式，树立榜样，表彰先进优秀班级及个人，利用国旗下的主题讲话对学生开展思想道德教育。第三，学校安全教育规范严谨，开展每月一次的安全消防演练，培养学生安全逃生的意识，掌握逃生技巧，避免发生安全事故。第四，学校配备专职心理教师，针对不同阶段开设心理课程，进行校园心理剧创编，让学生直面问题，解决问题。第五，多种方式开展安全教育，在活动中学，在比赛中学，如参加广州市应急管理优秀作品展演、参加市禁毒街舞比赛荣获一等奖并被电视台报道，还有冯同学等3名学生被评为区级优秀学生（表8-32）。

表8-32　学生获奖情况5

序号	奖项名称	奖项等级	奖项级别
1	广州市应急管理优秀作品展演	三等奖	市级
2	广州市中小学生禁毒街舞大赛	三等奖	市级
3	"无毒青春舞动阳光"广州市中小学生禁毒街舞大赛	三等奖	市级
4	广州市黄埔区"不忘初心·开创青春"中小学生学习党的十九大精神系列活动	先进集体奖	区级
5	黄埔区优秀学生	优秀学生奖3名	区级

六、"和融"课程——重点培养学生的国家认同、生态适应和社会责任

学校围绕"和融"课程，让学生的融合，走进社区，融入社会，紧跟时代步伐，放眼未来生活，主要包括信息技术、职业体验、社区活动和社会融合活动等。

学校每年开展普特融合运动会及融合艺术节，为学生打开一扇窗，学生在活动中一起成长与融合，让更多普校的学生认识和了解特殊学生，接纳他们，每次活动都能够深深地触动很多学生和家长。无形的融合宣导，也给特殊学生对外交往创造环境，让学生在活动中获得成长与友情，融合活动的开展得到社会各界的一致好评，也成为我校每年的例行活动。

多渠道、多方式的融合，领学生走出去，走进社区，走进企业，进行职业体验，邀请普校学生及企业爱心人士等走进学校，开展融合烹饪活动、手工活动、音乐游戏活动等，提升学生的沟通与交往能力，为学生提供融合的平台。

每年3月依托少先队，与普校开展"学雷锋、树新风、携手同行共成长"活动，进一步培育和践行社会主义核心价值观，展现自己的乐观自信，互帮互助，弘扬新时代雷锋精神，使雷锋精神在学生心中生根发芽，做心中有信仰、眼里有光芒、脚下有力量的追"锋"少年。

为推动黄埔区特殊教育质量提升和融合教育实践探索研究，整合特殊教育资源，我校2022年作为区特殊教育资源中心，组建学校融合教育队伍，初步形成了六大板块、七大组的工作模式（执行组、教研组、巡回组、评估组、跟岗组、备案组、档案管理组），统筹协调片区内特教教育资源，不断和谐奋进，开拓创新，构建区域特殊教育融合平台，让普校的特教工作有方向、有依靠、有指引，成为区特教资源教师的集训地，组织开展对特殊需要儿童的教育评估工作，分阶段、分批次进行，为建设我区公平而有质量的特殊教育事业奠定基础，为片区内全面开展融合教育提供有力保障，并得到普校和家长的认可与好评。

第五节 推进特教学校持续、优质发展

一、从乡村学校到湾区名片

迅速城市化背景下的课程建设促进了学校特色发展，知明学校从城乡接合部的乡村薄弱学校，逐渐发展为大湾区教育高质量发展的名片。学校先后被评为广东省绿色学校、广东省特殊教育教研基地学校、广州市劳动教育试点学校、广州市黄埔区教师培训基地学校、广州市安全文明校园（图8-3），同时，随着融合教育的发展，我校主动进行职能转型，承担起黄埔区特殊教育资源中心职责，全力构建区域特殊教育融合平台，统筹协调区域内特殊教育资源，协同家校社三方，有效推动区域内一百多所学校的融合教育工作。

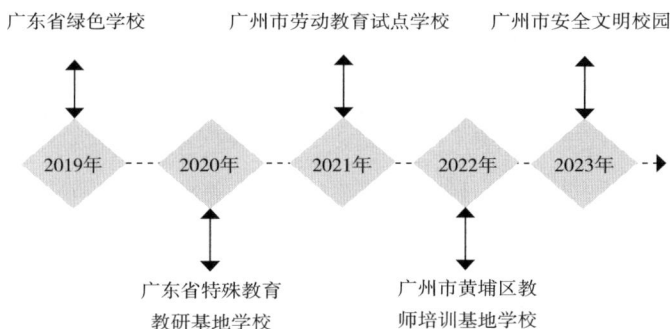

图8-3 知明学校荣誉称号

二、结对帮扶，带动区域特殊教育发展

为深入贯彻落实广东省委、省政府关于推动基础教育深化改革高质量发展的意见，我校以党建引领部门联动，对广东省湛江市遂溪县特殊教育学校、广东省清远市佛冈县启智学校、贵州省独山县沁元学校进

行结对帮扶。以我区快速城市化带来的特殊教育变革为经验，指导当地经济文化的变革与特殊教育发展的协同进行，从2020年至今，我校每学年开展不少于10次的线上、线下相结合的交流指导活动，并派出1名教师于佛冈县启智学校进行为期一年的支教，15名教师深入帮扶学校开展示范课与专题讲座，接收30余名教师来我校进行跟岗学习，深入发挥高品质特校的引领示范作用，课程建设成果带动区域特殊教育持续、优质发展。

在"速城"区培智学校课程体系实践中，我校在专业辐射方面也是敢于担当，六"和"课程运作模式不仅在业界得到广泛认可，品牌影响力也持续上升，学校以"立足广州，生态发展，面向粤港澳大湾区，建设特殊教育区域品牌学校"为发展目标，打造我校的特色课程，教育教学成果在省、市、区都取得优异成绩并产生一定的影响，得到社会各界的一致好评，充分发挥辐射引领作用，助力特殊教育的持续发展，也为特教教育事业的发展添砖加瓦。

自办学以来，知明学校坚持"三全"育人观，即全程、全境、全人，以培养学生成为全面发展的人为目标，以生活适应为教育内容，结合我校区域发展特点及学生需求，构建我校"和"课程，并取得了一定的教育教学成果。在教科研方面：国家级课题1项；省级成果30余项；市级成果50余项；区级成果150余项。学生比赛成果类：国家级2项；省级3项；市级60余项；区级200余项。相关的成果被广州市电视台、区融媒中心在"学习强国"上宣传报道，起到了一定的推广示范作用。

为深入贯彻落实广东省委、省政府关于推动基础教育深化改革高质量发展的意见，我校对贵州省独山县沁元学校、湛江遂溪特校、清远特校进行帮扶指导，每学年开展不少于10次的线上及线下相结合的交流指导活动，使其在课程建设、教学成果等方面都有一定的提升，实现了教育均衡发展（表8–33）。

作为我区的资源中心，指导我区特教班教师的教育教学和教学研究工作，构建符合我区地域特色的特殊教育融合平台。近两年来，我校牵头开展普通学校随班就读指导、评估和个案研究服务，统筹协调区域内特殊教育资源，为我区的融合教育提供有力支持，多所普校的融合教育实施方案荣获市优秀成果奖，得到了师生家长的一致好评，有效地助力了区域的融合教育发展。

在"和"课程的引领下，我校始终坚持"引进来+走出去"方式，活动式的辐射带动，让更多的人看到和了解我们的特殊儿童，我校每学期至少开展3场融合宣导及主题式的普特融合活动，每年让不少于100名普校的学生了解和接触特殊儿童，让特殊儿童更好地适应社会，有效地推进普特融合。

表8-33 共建单位辐射内容

地区	学校	共建单位辐射内容
贵州	黔南州独山县沁元学校	杨业斌带领骨干教师前往独山县沁元学校开展帮扶（2020-08）专题讲座 胡亚茹开展"培智学校的课程与IEP的设计"专题讲座 吴永丽开展"班级常规建立及班级文化建设"专题讲座
		独山县沁元学校孟秀勋及四位骨干教师赴知明跟岗活动（2020-10） 独山县沁元学校黎成龙及四位骨干教师赴知明跟岗活动（2023-05）
		杨业斌带领4名骨干教师到独山县沁元学校开展帮扶（2021-04）专题讲座 胡亚茹开展"个别化教育计划之教育评量"专题讲座 赵姬姬开展"特殊教育视觉下的科研价值取向"专题讲座 杨思静开展"烹饪课程的开发与实施"专题讲座 高学思开展"纸杯蛋糕的制作"示范公开课 赵姬姬开展"折返跑"示范公开课
		郭昱辰带领骨干教师到独山县沁元学校帮扶，开展专题讲座以及示范公开课（2023-05） 朱金梅开展"班级经营与管理"专题讲座 郭锡开展"个别化教育计划的制订与实施"专题讲座 郭昱辰开展"多彩的模板画"示范公开课 沁元学校徐小英老师获中小学（幼儿园）教师技能大赛初中特殊教育学科二等奖 沁元刘仔琴老师获黔南州教学技能大赛特殊教育学科一等奖

地区	学校	共建单位辐射内容
粤北	清远市清新正特殊教育学校、佛冈县启智学校	佛冈县启智学校李向葵带领骨干教师赴知明学校进行实地跟岗活动（2020-12）
		杨业斌带领骨干教师前往清远市佛冈县启智学校帮扶（2021-01） 邝润敏开展优质示范课"快乐非洲鼓"
		佛冈县启智学校杨细梅主任带领三位骨干教师到知明学校进行实地跟岗活动（2021-03） 知明学校高学思老师赴佛冈县启智学校支教一年（2022年7月~2023年9月）
		郭昱辰带领骨干教师前往清远区特殊教育学校帮扶（2021-05）同课异构 卢山山开展优质示范课"龟兔赛跑"
		刘全全老师赴清远特殊教育学校做生活语文"中秋节"课例展示（2021-05）
		赵姬姬带领骨干教师到佛冈县启智学校帮扶，开展讲座以及课例分享（2021-11） 朱金梅开展"信息技术在特殊教育课堂的应用"专题讲座 邓嘉丽开展"特殊学生行为问题的干预模式"专题讲座 郭昱辰开展"艺术治疗在课堂教学中的应用"专题讲座 胡亚茹开展"个别化教育计划的实施流程"专题讲座 赵姬姬开展"特殊教育教师成长十问"专题讲座 邓嘉丽开展生活数学"和学生一起学数学——以认识数字5为例"课例分享 朱金梅开展生活语文"健康的身体之如何看医生"课例分享
		郭昱辰带领骨干教师到佛冈县教育局交流，开展专题讲座（2023-03） 郭昱辰开展"和而不同苔米花开——黄埔区融合教育实践分享"专题讲座 郭锡开展"融合教育背景下特殊儿童情绪与行为的处理对策"专题讲座
广东	广州荔湾康迪学校	刘全全赴荔湾区康迪学校做"我会选年货"示范公开课（2021-12） 刘全全老师担任"南方教研大讲堂"圆桌讨论专家（2022-09）
粤西	湛江遂溪特殊教育学校	赵姬姬带领骨干教师赴湛江遂溪特殊教育学校（2022-06） 刘全全开展"解决问题行为的视觉策略"专题讲座 吴永丽开展"快乐响棒舞"专题讲座 潘美杰开展"多变的天气"现场课展示
贵州 粤北 粤西	黔南州独山县沁元学校、清远市佛冈县启智学校、湛江市遂溪特教学校	线上教研活动： "四好评量介绍与评估应用"专题讲座（2020-10） "辅助沟通系统（AAC）的原理及应用"专题讲座（2020-10） "应用行为分析的特殊应用"专题讲座（2020-11） "微课制作技巧"专题讲座（2020-12） "正向行为支持应用于身心障碍学生行为问题的相关策略"专题讲座（2020-12） "IEP的制定流程"（2021-01）

地区	学校	共建单位辐射内容
贵州 粤北 粤西	黔南州独山县沁元学校、清远市佛冈县启智学校、湛江市遂溪特教学校	线上教研活动： 易颖嫦开展基于生活语文课例研讨"升国旗"课例分享（2022-04） 郭锡开展"如何提升教科研能力"专题讲座（2020-05） 刘晓析开展"如何开展培智学校信息化教学"专题讲座（2021-06） 黄秀英开展"特殊儿童常见情绪行为问题与管理"专题讲座（2022-10）
粤港澳大湾区	香港屯门晨曦学校	郭锡开展"培智学校课程建设"经验分享（2019-04） 刘敏燕开展"培智学校沟通训练课程"经验分享（2019-04） 高学思生活语文同课异构"神奇雨伞店"（2021-05） 蓝远婷生活数学同课异构"整点半点"（2023-04）

第六节　六"和"课程的发展方向与展望

知明学校"和"课程经过多年实践，在区政府、区教育局及各界领导与社会热心人士的关怀下，学生得以成长，教师专业团队得以多元发展，课程品质不断提升，支持普特协同发展，深入推进特殊教育学校的引领示范作用，使知明"和"课程再上一个新台阶。

（一）提升"和"课程的品质

学校将继续以"提供优质教育服务，办人民满意的特殊教育学校"为宗旨，不断挖掘基于学校地域特色的优势，打造精品课程，不断夯实学校课程建设的薄弱环节，使学生在德、智、体、美、劳全面发展的同时进一步关注学生在各个领域的不同需求，设置不同的标准和要求，因材、因人、因地施教，个性化设置，强化学生优势，让学生多元发展，和乐成长，使"和"课程再上一个新台阶。

（二）强化"和"课程的辐射引领作用

学校将继续借助教育行政部门、社会各界及媒体的力量深化课程建设成果，提炼课程特色，将我校优质的课程建设成果更好地服务于区域及周边地区，辐射引领带动相同地区特殊教育的发展。

（三）促进"和"课程与国家课程、地方课程相融合

目前，在城市化的进程中，尤其是在旧改的大环境和大局势下，学校应顺应发展趋势，坚持落实国家课程，进一步挖掘有地域特色的社区课程，设置符合学生生活和发展的课程，让学生的学习更加生活化、可实操化，形成从国家、地方到学校不同层面的层级式课程设置。

（四）"和"课程建设成果深化和展望

目前，在城市迅速发展的局势下，学校将顺应发展趋势，强化特色，发展内涵，攻坚克难，尊重差异，因材施教，优化教育资源，全面实施融合教育协同发展，为每位特殊学生提供适合的服务，办人民满意的特殊教育。

参考文献

［1］徐琴芳，房悦，张文，等.特殊儿童家长心理健康状况及其调节因素的元分析[J].中国特殊教育，2018(2): 8–15, 25.

［2］郭存芝，凌亢，白先春，等.城市化与教育发展[J].教育科学，2006(3): 6–9.

［3］田艳平，王佳.城市化对城乡基础教育投入均等化的影响[J].中国人口·资源与环境，2014, 24(9): 147–155.

［4］商海岩，秦磊.城市化中的教育消费: 差异、属性与影响因素[J].国家教育行政学院学报，2019(6): 67–74, 82.

［5］张琳琳.浅析我国城市化对教育的影响[J].大连教育学院学报，2015, 31(4): 8–10.

［6］赵斌，张燕，张瀚文.我国特殊教育师资供需矛盾及改革探析[J].中国特殊教育，2023(6): 82–88.

［7］龙裕梅.影响培智学校教师自主发展的问题及策略[C]///广东省教师继续教育学会.教育与创新融合广东省教师继续教育学会研讨会论文集(二).黔西南布依族苗族自治州: 安龙县特殊教育学校，2023: 4.

［8］丁勇.政策导向法律约束: 关于特殊教育学校教育经费投入和使用的几点建议[J].现代特殊教育，2004(3): 12–14.

［9］张玉华.上海市特殊教育师资培训的目标、内容和策略[J].中国特殊教育，1999(3): 8–10.

［10］缪学超.程序教学法的形成、要义、实验及当代价值[J].课程.教材.教法，2015, 35(7): 101–107.

［11］王帅.布卢姆的掌握学习理论及其教育应用[J].高等函授学报(哲学社会科学版)，2007(2): 42–45.

［12］黄志成.凯勒的个人化教学系统[J].外国教育资料，1991(1): 44–48.

［13］于素红.个别化教育计划的现实困境与发展趋势[J].中国特殊教育，2012(3): 3–8, 27.

［14］肖非，王雁.智力落后教育通论[M].北京: 华夏出版社，2000: 190.

［15］郅庭瑾，马云.个别化教学的公平意蕴及其实现路径[J].教育发展研究，2013, 33(12): 36-40.

［16］朱小蔓.教育研究者的足迹[M].北京：教育科学出版社，2003: 264.

［17］魏晓民，胡芳.智障儿童个别化教育的误区及实施策略[J].社会福利，2009(10): 50-51.

［18］肖非.关于个别化教育计划几个问题的思考[J].中国特殊教育，2005(2): 9-13.

［19］吴秋连，姜莉珍，符曦.个别化教学实施策略[J].教学与管理，2016(24): 96-99.

［20］盛永进.个别化教学理念的应然追问[J].中国特殊教育，2005(10): 77-81.

［21］岳伟，许元元.改革开放40年我国主体教育研究的回顾与展望：基于知识图谱及文献可视化分析[J].教育研究与实验，2019(1): 38-45.

［22］冯建军.主体教育研究40年：中国特色教育学建设的案例与经验[J].中国教育科学(中英文)，2021, 4(4): 8-19.

［23］王道俊.主体教育论的若干构想[J].教育学报，2005(5): 5-19.

［24］赵康.为什么当下要重申主体教育？——格特·比斯塔"主体化"教育理论的境脉、生成与意义[J].全球教育展望，2023, 52(7): 3-15.

［25］郭华."学生主体"的教学论意义：纪念主体教育实验30周年[J].教育研究，2022, 43(11): 56-65.

［26］王小明.步入困境的学习风格理论[J].外国教育研究，2020, 47(5): 93-102.

［27］谭顶良.论学习风格及其研究价值[J].南京师大学报(社会科学版)，1994(3): 46-50, 56.

［28］衷克定，刘洋.基于学习风格理论的在线导学策略设计与实践[J].开放教育研究，2012, 18(3): 83-89.

［29］Willingham D T, hughes E M, Dobolyi D G.The Scientific Status of Learning Styles Theories[J].Teaching of Psychology, 2015, 42(3): 266-271.

［30］谭顶良.学习风格的研究及其在教学实践中的应用[J].江苏高教，1998(5): 56-58.

［31］钟志贤.建构主义学习理论与教学设计[J].电化教育研究，2006(5): 10-16.

［32］杨维东，贾楠.建构主义学习理论述评[J].理论导刊，2011(5): 77-80.

［33］温彭年，贾国英.建构主义理论与教学改革：建构主义学习理论综述[J].教育理论与实践，2002(5): 17-22.

［34］杨开城.有关建构主义学习理论教学启示的思考[J].电化教育研究，1999(2): 11-13.

［35］王建玲，李建云，孙德花.建构主义学习理论对教学的启示[J].教学与管理，2007(15): 76-77.

［36］李晓娟.建构主义启发下的培智课堂教学策略[J].现代特殊教育，2016(1): 38-40.

［37］殷丹.运用建构主义的观点评价特教学校的课堂教学[J].现代特殊教育，2002(1): 22-23.

［38］王梅.试论建构主义学习观在培智学校教学中的运用[J].中国特殊教育，2003(5): 16-20.

［39］邓猛，景时.特殊教育最佳实践方式及教学有效性的思考[J].中国特殊教育，2012(9): 3-8.

［40］肖爱芝.对人本主义心理学思想的诠释[J].教育研究与实验，2009(2): 71-74.

［41］甘昭良，王梅.论"人本特教"及其人本主义哲学基础[J].长春理工大学学报: 社会科学版，2010, 23(1): 138-140.

［42］朱为群.罗杰斯人本主义教育理论述评[J].教育理论与实践，1991(5): 53-56.

［43］宋歌，杨学志.人本主义心理学理论在教学中的应用[J].教育探索，1996(2): 36-37.

［44］肖春梅.论人本主义的教学理论及其对数学教学的启示[J].教育与职业，2008(20): 79-81.

［45］陈静.最近发展区理论教育价值的深度解读[J].教学与管理，2015(9): 8-10.

［46］王颖.维果茨基最近发展区理论及其应用研究[J].山东社会科学，2013(12): 180-183.

［47］Kozulin A, Gindis B, Ageye V S, et al.Vygotsky's Educational Theory in Cultural Context[M]. Cambridge: Cambridge university Press, 2003.

［48］魏戈.最近发展区: 理论根脉、概念要义与育人价值[J].杭州师范大学学报: 社会科学版，2023，45(5): 66-76.

［49］vygotsky, L. S.Mind in Society. The Development of Higher Psychological Processes[M].Cambridge: Harvard University Press，1978: 86.

［50］田锐.维果茨基的"最近发展区"理论及其启示[J].职业技术教育，2002，23(34): 67-68.

［51］麻彦坤，叶浩生.维果茨基最近发展区思想的当代发展[J].心理发展与教

育，2004(2): 89–93.

［52］张雯雯，兰继军.最近发展区理论在培智教育中的应用[J].绥化学院学报，2015，35(10): 52–54.

［53］田友谊.多元智能理论视野中的特殊教育[J].中国特殊教育，2004(1): 16–20.

［54］胡洁茹，王宇恒.多元智能理论对教师的要求[J].现代特殊教育，2005(z1): 80–81.

［55］田友谊.多元智能理论视野中的特殊教育[J].中国特殊教育，2004(1): 16–20.

［56］解翠玲.构建基于多元智能理论的特殊教育观[J].中国特殊教育，2006(1): 19–22.

［57］尹小琳，张大均，陈旭.关注个体差异发展优势智能: 多元智力理论对特殊教育的启示[J].中国特殊教育，2005(5): 8–11.

［58］魏新颖.老子《道德经》中"道""仁"与"反"的思想研究[J].汉字文化，2021(14): 180–182.

［59］李富强.老子的天道与人道观探析[J].周口师范学院学报，2015，32(6): 17–19.

［60］韩霞.我国特殊教育研究概览: 评《特殊教育学学科地图》[J].科技管理研究，2022，42(17): 256.

［61］葛新斌.人道主义是特殊教育的思想基础[J].中国特殊教育，1997(2): 44–48.

［62］胡乔木.关于人道主义和异化问题[J].科学社会主义，1984(1): 5–31.

［63］葛新斌.关于特殊教育价值问题的再探讨[J].中国特殊教育，2002(2): 12–16.

［64］陈云英.建构特殊教育理论[J].中国特殊教育，2003(1): 7–12.

［65］张文京.特殊教育和谐课程探新[J].中国特殊教育，2005(8): 86–89.

［66］李晓晴.西方马克思主义思想中的和谐意蕴[J].学术交流，2012(11): 21–23.

［67］刘松.和而不同的社会观: 凝聚价值共识的思想原点[J].山东社会科学，2023(6): 20–26.

［68］姚新中.和而不同: 人类共同价值重构的路径[J].中州学刊，2023(2): 104–109.

［69］穆雨萱，胡雅梅.关于培智学校生活适应课程实施的思考[C]//新课程研究杂志社.新课改教育理论探究第10辑，湖北: 新课程研究杂志社，2021: 2.

［70］罗恺赟，韩宁，高勇."互联网+教育"模式下高校"家校合作"育人机制建设研究[J].中国新信，2023，25(16): 185–187，184.

［71］滕尼斯.共同体与社会[M].林荣远，译.北京: 商务印书馆，1999.

［72］巴纳德.经理人员的职能[M].孙耀君，译.北京: 中国社会科学出版社，1997: 2.

［73］林上洪."教育共同体"刍议[J].教育学术月刊，2009(10): 2.

［74］张瀛.新时代家校沟通的困境及破解路径[J].白城师范学院学报，2023，37(4): 78–82.

［75］岳瑛，我国家校合作的现状及影响因素[J].天津市教科院学报，2002: 49–52.

［76］段慧兰.构建完备的社区教育网络: 兼谈伊里奇"学习网络"理论及其启示[J].湖南社会科学，2000(4): 67–69.

［77］唐国锋，殷晨艳.浅谈家庭教育资源的利用[J].教学与管理，2004(23): 42–43.

［78］刘全礼，张阿妮，周旭，等.培智学校家校合作沟通方式倾向性调查研究[J].新疆教育学院学报，2021，36(2): 8.

［79］许家成.培智学校义务教育课程标准的基本特点[J].现代特殊教育，2017(1): 8–9.

［80］武毅欣.论"互联网+"时代的小学家校共育[J].当代家庭教育，2022(19): 4–6.

［81］王雁.强化特殊教育教师落实《指南》的职责与担当[J].现代特殊教育，2023(11): 8–9.

［82］梁平.校本教研践与行: 教师专业发展的实践与探索[M].长春: 吉林人民出版社，2019: 37.

［83］张吉惠，龚华炯.基于学校特色的校本培训的设计与实施策略[J].教育理论与实践，2019，39(17): 21–22.

［84］教育部办公厅关于印发《中小学教师培训课程指导标准(师德修养)》等3个文件的通知[J].中华人民共和国教育部公报，2020(9): 30，50–175.

［85］梁平.校本教研践与行: 教师专业发展的实践与探索[M].长春: 吉林人民出版社，2019: 137.

［86］康淑敏.信息化背景下的教学方式变革研究[J].教育研究，2015，36(6): 96–102.

［87］伊丽斯克，邓猛.新时代民族地区特殊教育教师专业共同体特征探析: 基于实践共同体理论[J].现代特殊教育，2022(8): 35–41，54.

［88］李晓娟，孙颖，贾坤荣.关于培智学校包班制实践的思考[J].中国特殊教育，2010(9): 48–52.